Leasing
Aspectos Controvertidos
do Arrendamento Mercantil

V282l Vanti, Silvia
　　　Leasing: aspectos controvertidos do arrendamento mercantil / Silvia Vanti. — Porto Alegre: Livraria do Advogado, 1998.
　　　155 p.; 14x21 cm.

　　　Contém: doutrina, jurisprudência, legislação

　　　ISBN　85-7348-086-6

　　1. Arrendamento mercantil.　I. Título.

　　　　　　　CDU　347.751.3

　　Índice para catálogo sistemático

　　Arrendamento mercantil

(Bibliotecária responsável: Marta Roberto, CRB - 10/652)

SILVIA VANTI

Leasing

Aspectos Controvertidos do Arrendamento Mercantil

• Doutrina • Jurisprudência • Legislação

livraria
DO ADVOGADO
editora

Porto Alegre 1998

© Silvia Vanti, 1998

Capa, projeto gráfico e diagramação
Livraria do Advogado / Valmor Bortoloti

Revisão
Rosane Marques Borba

Direitos desta edição reservados por
Livraria do Advogado Ltda.
Rua Riachuelo, 1338
90010-273 Porto Alegre RS
fone/fax: (051) 225-3311
E-mail: livadv@vanet.com.br
Internet: www.liv-advogado.com.br

Impresso no Brasil / Printed in Brazil

Agradecimentos

Aos Desembargadores *Clarindo Favretto, Cláudio Caldeira Antunes* e *Wellington Pacheco Barros,* a quem tive a oportunidade de conhecer quando de meu ingresso na Escola Superior da Magistratura - AJURIS, pelo incentivo e apoio nesta empreitada.

À *Universidade de Caxias do Sul,* pela oportunidade na realização do curso oferecido de Pós-Graduação em Direito Econômico.

Ao nosso coordenador de Pós-Graduação, Professor *Claudio Gilberto Aguiar Höehr,* pela sua dedicação durante o curso.

Aos meus colegas de Curso de Pós-Graduação, em especial à Juíza de Direito, *Maria Olivier,* à Promotora *Eunice Chalela* e à advogada *Fernanda Franceschini,* pela motivação diante dessa tarefa.

Aos Professores, pela brilhante ministração de lições, mercê de sua erudição e sensibilidade jurídica.

Ao Professor *Roberto Sbravati,* que motivou e orientou a minha tese.

Aos meus pais, *Hugo* e *Zelia,* pelo estímulo.

Ao meu amor, pela compreensão e arrimo diante de minha trajetória.

Aos meus amigos e a todos aqueles que, de alguma forma, colaboraram para que este trabalho pudesse ser realizado, deixo aqui consignado o meu agradecimento.

Agradecimentos

Aos Desembargadores Osmund Faulhaber, Túlio Caleffi Antunes e Wilington Pacheco Barros, a quem tive a oportunidade de conhecer quando de meu ingresso na Escola Superior da Magistratura – AJURIS, pelo incentivo e apoio nesta empreitada.

À Universidade de Caxias do Sul, pela oportunidade na realização do curso afrecedido de Pós-Graduação em Direito Econômico.

Ao nosso coordenador de Pós-Graduação, Professor Cláudio G. Bacin Aguiar Uflejn, pela sua dedicação diuturna à causa.

Aos meus colegas de Curso de Pós-Graduação, em especial a Juíza de Direito, Maria Olívær, a Promotora Fátima Chalela e a advogada Fernanda Franceschini, pela motivação diante dessa jornada.

Aos Professores, pela brilhante ministração de lições, mercê de sua erudição e sensibilidade jurídica.

Ao Professor Roberto Shannini, que motivou e orientou a minha tese.

Aos meus pais, Hugo e Zélia, pelo estímulo.

Ao meu amor, pela compreensão e carinho diante de minha trajetória.

Aos meus amigos e a todos aqueles que, de alguma forma, colaboraram para que este trabalho pudesse ser realizado, deixo aqui consignado o meu agradecimento.

Prefácio

O ato de escrever é um ato solitário e só quem o pratica sabe o que este claustro representa. E quando o escrito procura abordar um tema de difícil aprofundamento, como é o arrendamento mercantil, a dificuldade é duplamente aumentada e a obra daí resultante adquire força de raridade.

Honrou-me a Dra. Silvia Vanti com o convite para prefaciar seu livro *Arrendamento Mercantil, Aspectos Controvertidos*, resultado de seu trabalho de conclusão de pós-graduação em Direito Econômico, aprovado com grau máximo, no Curso de Pós-Graduação em Direito Econômico da Universidade de Caxias do Sul, neste Estado.

Trata-se de obra em que são alinhados de forma sistemática e dedutiva vários aspectos controvertidos, como a própria obra nomina, deste tão falado e pouco conhecido contrato de arrendamento mercantil.

Para quem, como eu, vive o direito na cátedra e na jurisprudência há vários anos, é uma satisfação atestar que a obra agora entregue aos operadores do direito será de grande importância, pois aborda temas de forte repercussão econômico-jurídico-social.

Quando o livro trata de revisão do contrato de arrendamento mercantil, por exemplo, alinha farta doutrina e jurisprudência sobre a possibilidade do depósito judicial cautelar do valor que o arrendatário entende devido e a possibilidade de manutenção na posse do bem, além de sustentar a não-inclusão ou a exclusão de seu nome como devedor nos órgãos de proteção ao crédito.

O livro também aborda o reconhecimento pela jurisprudência de cláusulas abusivas e atentatórias ao Código de Defesa do Consumidor: a limitação de juros acima de 12% e a possibilidade de conversão do valor residual garantido em prestações locatícias.

Assim, ao lançar no universo jurídico *Leasing - Aspectos Controvertidos do Arrendamento Mercantil*, a Doutora Silvia Vanti demonstra um largo fôlego de jurista e proporciona aos amantes da ciência dos conflitos a certeza de que é no pensar onde reside a sua grande força.

Porto Alegre, julho de 1998.

Wellington Pacheco Barros

Desembargador do Tribunal de Justiça do RS.
Mestre em Direito. Professor de Graduação e Pós-Graduação.

Sumário

1. Introdução 11

2. Considerações gerais 15
   2.1. Conceituação 15
   2.2. Fases 19
   2.3. Falácia do *leasing* 20

3. Histórico 23
   3.1. Na Idade Antiga 23
   3.2. Na Idade Média 24
   3.3. Na Idade Moderna 24

4. Direito comparado 27

5. Modalidades 31

6. Da revisão do contrato 35
   6.1. Das liminares 46
   6.1.l. Do depósito judicial 46
   6.1.2. Da manutenção de posse 49
   6.1.3. Da não-inclusão do devedor nos órgãos de
      proteção ao crédito 56

7. As cláusulas abusivas no arrendamento mercantil e sua
   incidência no Código de Defesa do Consumidor 61

8. Da limitação dos juros 77

9. Rescisão contratual 97
   9.1. Resolução pelo inadimplemento das contraprestações . 97

10. Antecipação do valor residual e suas conseqüências 109

11. Conclusão 123
12. Legislação 127
    12.1. Regulamentação do Arrendamento Mercantil 127
    12.1.1. Lei nº 6.099, de 12 de setembro de 1974 127
    12.1.2. Lei nº 7.132, de 26 de outubro de 1983 132
    12.1.3. Resolução nº 2.309, de 28 de agosto de 1996 135

Bibliografia 145
    Livros 145
    Artigos de revistas 146
    Decisões jurisprudenciais pesquisadas 148

1

𝒪ntrodução

Atualmente, existe uma grande preocupação das empresas modernas pelo fator produtividade aliado a técnicas cada vez mais avançadas.

Na realidade em que vivemos, a empresa precisa desafiar o mercado tendo em vista que a concorrência está cada vez mais acirrada.

Para atingir essa finalidade, procuram encontrar soluções alternativas, como, por exemplo, na aquisição de veículos novos e na modernização das máquinas e equipamentos.

Diante desse objetivo, buscam meios para a sua concretização. A solução vem em seguida. A propaganda de financiamentos está em toda a parte. Em geral, são cativantes e despertam o interesse do consumidor até do mais graduado empresário.

O problema, que antes parecia complexo, se torna simples. Um dos meios encontrados é a realização do contrato de arrendamento mercantil, que pode ser realizado para pessoas jurídicas e para algumas classes de pessoa física com algumas restrições.

O *leasing* tem sido um instrumento de grande incentivo para a economia. Possui condições de viabilizar investimentos produtivos. Os benefícios trazidos pelo uso dos novos equipamentos propiciam o alcance de níveis de crescimento para toda a sociedade.

Impulsionados pelas vantagens principalmente tributárias e pela facilidade da aquisição, já que permite prazos longos, financiamento integral e a não-incidência de IOF (Imposto sobre Operações Financeiras), o contrato de *leasing* é devidamente assinado pelas partes em típico contrato de adesão.

Todavia, os efeitos de uma operação de *leasing* divergem de empresa para empresa em função de suas estruturas econômico-financeiras, podendo ou não ser vantajosa.

Com o passar dos meses é que surge o impasse. A arrendatária percebe que, multiplicando o valor da parcela pelo prazo contratado, chega a uma importância que considera absurda. Além disso, lembra-se de que ainda lhe resta o valor residual. Muitas vezes, preocupados com a situação, procuram seus advogados, que lhe orientam para a revisional de contrato.

Assim, dá-se a entrada de inúmeros processos na Justiça ou devido à mora da arrendatária através da reintegração de posse ou quando o cliente resolve querer discutir o contrato e propõe a ação revisional.

Diante desse crescente número de processos envolvendo arrendamento mercantil, focalizamos os pontos que mais têm suscitado discussões e controvérsias baseando o assunto na doutrina e na jurisprudência.

Não temos a pretensão de esgotar no presente trabalho todo o assunto referente aos pontos controvertidos do *leasing*, pois foge do nosso alcance. Existe a intenção de dar uma visão geral acerca dos problemas que mais têm causado polêmica em nossos tribunais, seja pela divergência, seja pela quantidade.

Por uma questão metodológica, procuramos desenvolver o instituto traçando algumas considerações gerais para que possamos primeiramente conhecê-lo, defini-lo e tomarmos conhecimento acerca de sua própria origem nas diversas fases históricas nos mais diversos países.

Após a compreensão da figura jurídica do *leasing* em si, adentramos na questão da ação que enseja a possibilidade da revisão do contrato diante de determinadas circunstâncias. Além disso, tecemos considerações sobre as liminares provenientes dessa ação.

Seguimos pelo estudo do tema principal de nosso trabalho focalizando as cláusulas abusivas, a aplicabilidade do Código de Defesa do Consumidor e da taxa de juros prevista na Constituição Federal. Tudo isso, com o constante apoio da doutrina e da jurisprudência.

Prosseguimos analisando a rescisão do contrato em específico no ponto da cobrança das contraprestações vincendas diante da conseqüência da resolução pelo inadimplemento das parcelas por parte da arrendatária.

Ao final, tecemos considerações sobre a descaracterização do contrato de arrendamento mercantil diante do valor residual garantido quando cobrado juntamente com as parcelas.

O estudo dos aspectos jurídicos envolvendo o arrendamento mercantil foi proveniente da doutrina e da jurisprudência. Nessa última, focalizaram-se quase que exclusivamente as decisões do Tribunal de Alçada do Rio Grande do Sul.[1] Isso porque são fortes subsídios para a coordenação e sustentação de nosso trabalho. Conseqüentemente, também é uma forma de valorização das decisões de nossos ilustres juízes e desembargadores, dos quais temos admiração pelo trabalho que vem sendo desenvolvido.

O enfoque jurisprudencial foi enfatizado, pois vem suprindo as lacunas legais existentes nesta espécie de contrato, coibindo os abusos praticados pelos arrendadores através das revisões judiciais.

Embora a doutrina clássica (Orlando Gomes) procure petrificar as cláusulas contratuais avençadas entre

---

[1] O Tribunal de Alçada do RS foi extinto e incorporado ao Tribunal de Justiça, por determinação da Lei Estadual nº 11.133, de 15/04/98.

as partes, consideramos indispensável a intervenção do Estado, para que o equilíbrio contratual seja mantido.

Portanto, a hipótese natural que trazemos no presente trabalho é de que as decisões judiciais vêm comprovando a existência de desequilíbrios gritantes entre as partes. Desta forma, o instituto do arrendamento mercantil vem sendo aperfeiçoado.

2

Considerações gerais

2.1. Conceituação

Para possibilitar e fundamentar conclusões, é mister dissecar o *leasing* nos aspectos de elementos constitutivos a fim de diferenciá-lo dos demais institutos para, ao final, conceituá-lo.

O eminente Desembargador Rizzardo comenta a respeito da terminologia que:

"... embora a sistematização brasileira do instituto tenha consagrado a denominação arrendamento mercantil, seu nome histórico e natural é *leasing*, que acompanha, paralelamente, as diversas expressões usadas nos países onde o mesmo foi adotado".[2]

"É composto do sufixo *ing*, que exprime ação verbal, e do verbo *to lease*, traduzido no sentido de alugar ou arrendar. Acoplado o fonema ao verbo, vem a expressar o vocábulo ato ou processo de alugar ou arrendar".[3]

Conforme o autor citado,

"... a intitulação arrendamento mercantil não apreende o significado real do instituto. Na dissecação do vocábulo arrendamento não se encontra o sentido de adquirir, ou de compra e venda".[4]

---

[2] RIZZARDO, Arnaldo. *Leasing. Arrendamento Mercantil no Direito Brasileiro.* 2ª ed. São Paulo: Revista dos Tribunais, 1996, p. 15.

[3] Idem, ibidem.

[4] Idem, ibidem, p. 16.

De acordo com a obra citada,

"... utiliza-se, ainda, o *nomen* locação mercantil. Esta designação, porém, é menos significativa do objeto do instituto, posto que, no aluguel, o locatário só usa e goza da coisa; no arrendamento, ele usa explorando o trabalho do bem. Os equipamentos arrendados, ou qualificados como oferecidos em locação, servem para desenvolver uma função. Aproveita-se a atividade que desempenha a coisa. Esta a finalidade do arrendamento mercantil ou da locação de um bem. Daí a preferência pelo termo arrendamento, eis que o seu conteúdo já expressa o significado de utilização econômica do objeto do contrato".[5]

Diz o autor que:

"... a idéia que se colhe no Direito universal indica um contrato de natureza econômica e financeira, pelo qual uma empresa cede em locação a outrem um bem móvel ou imóvel, mediante o pagamento de determinado preço".[6]

José Wilson Nogueira de Queiroz se manifesta no seguinte sentido:

"... um acordo mediante o qual uma empresa, necessitando utilizar determinado equipamento, veículo ou imóvel (terreno ou edificação), ao invés de comprar, consegue que uma empresa (locadora) o adquira e o loque à empresa interessada (locatária), por prazo determinado, findo o qual poderá a locatária optar entre a devolução do objeto do contrato, a renovação da locação ou a sua aquisição por compra e venda, pelo valor residual avençado no instrumento contratual".[7]

Para Arnoldo Wald, trata-se de um contrato pelo qual uma empresa

'desejando utilizar determinado equipamento, ou um certo imóvel, consegue que uma instituição financeira adquira o referido bem, alugando-o ao interessado por prazo certo, admitindo-se que,

---

[5] Idem, ibidem.

[6] Idem, ibidem.

[7] QUEIROZ, José Wilson Nogueira de. *Arrendamento Mercantil. Leasing.* 2ªed. Rio de Janeiro: Forense, 1983, p. 6.

terminado o prazo locativo, o locatário possa optar entre a devolução do bem, a renovação da locação, ou a compra pelo preço residual fixado no momento inicial do contrato'.[8]

Tavares Paes apresenta um conceito bem claro:

'É um contrato mediante o qual uma pessoa jurídica que deseja utilizar determinado bem ou equipamento, por determinado lapso de tempo, o faz por intermédio de uma sociedade de financiamento, que adquire o aludido bem e lhe aluga. Terminado o prazo locativo, passa a optar entre a devolução do bem, a renovação da locação, ou a aquisição pelo preço residual fixado inicialmente'.[9]

No entendimento de Waldirio Bulgarelli, temos:

"... o *leasing* é um contrato nominado, típico, consensual, bilateral, oneroso, por tempo determinado e de execução sucessiva, e firmado *intuitu personae*. Entende-se nominado pelo fato de ser regulado pelo direito positivo, com forma jurídica, dando-lhe tipicidade sendo sua regulação elaborada no âmbito fiscal".[10]

Complementando, o autor ressalta:

"... O *leasing*, de fato, tem um nome, aliás, muitos e variados, todavia, a denominação legal é arrendamento. A prática, posteriormente, veio consagrar a expressão inglesa *leasing*. E como exigiu também a constituição de empresas, especializadas em *leasing*, a luta continua para manter a denominação de arrendamento mercantil, quer na denominação, quer na indicação do objetivo social. Vê-se que a força mágica da palavra *leasing* continua a atuar; o conhecido sistema do "jeitinho" fará com que fiquemos com as duas: arrendamento mercantil e *leasing*".[11]

Rizzardo define o *leasing* como sendo:

"... a operação financeira realizada por uma empresa arrendadora, constituída e atuando sob o controle do Banco Central do

---

[8] RIZZARDO, Arnaldo. Leasing. *Arrendamento Mercantil no Direito Brasileiro*, p. 17, *apud* WALD, Arnoldo. *A Introdução do Leasing no Brasil*, RT 415, p. 17.

[9] RIZZARDO, Arnaldo, ob.cit., p. 17, *apud* PAES, Tavares P.R. *Leasing*. 2ª ed. São Paulo: Revista dos Tribunais, 1993, p. 7.

[10] BULGARELLI, Waldirio. *Contratos Mercantis*. 2ª ed. São Paulo: Atlas, 1981, p. 356.

[11] Idem. Ibidem.

Brasil, tendo por objeto o arrendamento de bens móveis ou imóveis adquiridos junto a terceiros, para fins de uso próprio da arrendatária (art. 1º, parágrafo único, da Lei 6.099).

Ou é contrato essencialmente complexo, visto encerrar uma promessa unilateral de venda, um mandato, uma promessa sinalagmática de locação de coisa, uma opção de compra e, no *leasing* operacional, mais uma prestação de serviços técnicos por parte da locadora, compondo, assim, obrigação contratual, como partes essenciais do negócio.

Pela Lei 6.099, alterada pela Lei 7.132, de 21.10.83, considera-se arrendamento mercantil, para efeitos desta lei, o negócio jurídico realizado entre pessoa jurídica, na qualidade de arrendadora, e pessoa física ou jurídica, na qualidade de arrendatária, e que tenha por objeto o arrendamento de bens adquiridos pela arrendadora, segundo especificações da arrendatária e para uso próprio desta".[12]

O ilustre Desembargador Arnaldo Rizzardo assim se manifesta:

"Não se trata de uma simples locação com promessa de venda como à primeira vista pode parecer. Mas cuida-se de uma locação com uma consignação de promessa de compra, trazendo, porém, um elemento novo, que é o financiamento, numa operação específica que consiste na simbiose da locação, do financiamento e da venda".[13]

Segundo Fran Martins:

"... trata-se de contrato, segundo o qual uma pessoa jurídica arrenda a outra, por tempo determinado um bem comprado pela primeira de acordo com as indicações da segunda, cabendo ao arrendatário a opção de adquirir o bem arrendado findo o contrato, mediante um preço residual previamente fixado.

Verificam-se assim, no contrato de arrendamento mercantil ou *leasing* as seguintes ocorrências: a) uma empresa indica a outra um bem que deverá ser por essa adquirido, b) uma vez adquirido o bem, a sua proprietária arrenda-o à empresa que pediu a aquisição, c) findo

---

[12] RIZZARDO, Arnaldo, ob. cit., p. 18.

[13] Idem. Ibidem.

o prazo do arrendamento, o arrendatário tem a opção de adquirir o bem, por um preço menor do que o de sua aquisição primitiva. Caso não deseje comprar o bem, o arrendatário poderá devolvê-lo ao arrendador ou prorrogar o contrato, mediante o pagamento de alugueres muito menores do que o do primeiro arrendamento.

O *leasing* aparece, assim, como uma modalidade de financiamento à empresa arrendatária, facilitando-lhe o uso e gozo de um bem de sua necessidade sem ter de desembolsar inicialmente o valor desse bem, e com a opção de, findo o prazo estipulado para a vigência do contrato, tornar-se o arrendatário proprietário do bem, pagando nessa ocasião um preço calcado no valor residual do mesmo".[14]

Na conceituada opinião de Rizzardo,

"... é a figura em exame uma alternativa de financiamento para aquisição de qualquer tipo de veículo, máquina ou equipamento de fabricação nacional ou estrangeira, novo ou usado, incluindo, também, financiamento de imóveis".[15]

Compõe-se de um misto de outras figuras, na colocação de Arnoldo Wald:

"Trata-se, na realidade, de uma fórmula intermediária entre a compra e venda e a locação, exercendo função parecida com a da venda com reserva de domínio e com a alienação fiduciária, embora oferecendo ao utilizador do bem maior leque de alternativas no caso de não querer ficar com a propriedade do equipamento após um primeiro prazo de utilização".[16]

2.2. Fases

Fixada a conceituação e elementos constitutivos do *leasing*, cumpre-nos informar o desdobramento da operação para um melhor entendimento acerca do tema.

---

[14] MARTINS, Fran. *Contratos e Obrigações Comerciais*. 5ª ed. Rio de Janeiro: Forense, 1977, p. 545.

[15] RIZZARDO, Arnaldo. Ob. cit., p. 18.

[16] RIZZARDO, Arnaldo, ob. cit., p. 18, *apud* WALD, Arnoldo. *A Introdução do leasing no Brasil*, RT 415, p. 10.

Para Bulgarelli,

"... a operação pressupõe três participantes: o fabricante, o intermediário (*leasing banker*), ou seja, a empresa especializada e o arrendatário. A operação desdobra-se em 5 fases:

1. a preparatória, ou seja, a proposta do arrendatário à empresa *leasing* ou, vice-versa.

2. essencial, constituída pelo acordo de vontade entre ambas,

3. complementar, em que a empresa *leasing* compra o bem ou equipamento ajustado com o arrendatário,

4. também essencial, que é o arrendamento propriamente dito, entregando a empresa *leasing* ao arrendatário o bem ou equipamento.

5. é a tríplice opção do usuário, ou seja, ao termo do contrato de arrendamento, continuar o arrendamento, dá-lo por terminado, ou adquirir o objeto do arrendamento, compensando as parcelas pagas a título de arrendamento e feita a depreciação".[17]

2.3. Falácia do *leasing*

Diante das modernas formas de publicidade do instituto, é necessário conhecer as particularidades da operação para que o arrendatário possa avaliar se o negócio lhe será positivo ao longo do contrato.

Segundo Bulgarelli:

"... pareceu que o *leasing* traria grandes vantagens, as quais, aliás, foram cantadas a bom som por quase todos os autores que estudaram o tema, silenciando-se, sobre as desvantagens, que não incidem sobre os empresários, mas sobre o consumidor. É que se trata, o *leasing*, de prática apropriada para países que dispõem de capitais de sobra, que procuram por isso colocação como ocorre nos Estados Unidos e na Europa e não daqueles em que há falta aguda e crônica de recursos financeiros; razão porque aqui os juros e demais custos são muito altos, constituindo-se inegavelmente em

---

[17] BULGARELLI, Waldirio, ob. cit., p. 358.

um fator inflacionário não desprezível. Por isso que às apregoadas vantagens do *leasing*, como disponibilidade de capital circulante pela sua não imobilização pelo empresário, custo menor dos equipamentos, financiamento total do valor do bem alocado, a possibilidade da compra do bem, computando as prestações pagas a título de locação, tem-se oposto uma série de desvantagens, como a obtenção de financiamentos a juros menores, a utilização do autofinanciamento (como o aumento do capital) para a aquisição de equipamentos, a diminuição do crédito pela ausência de maiores garantias a serem oferecidas aos estabelecimentos bancários, e mais um sem-número delas, que, afinal, tornam o *leasing* uma verdadeira falácia entre nós.

O aspecto mais chocante, num país subdesenvolvido como o nosso, prende-se a dois aspectos: de um lado está o crescente endividamento que acarreta às empresas que dele se utilizam para obter equipamentos, com o enfraquecimento do seu crédito perante as instituições financeiras, pois que, à medida que mais utilizam o *leasing* menos bens próprios possuem integrando seu ativo; de outro lado, este o mais triste, está a transferência dos altos custos do *leasing*, para o consumidor através do aumento do preço dos produtos, que tem de arcar com esse ônus que, às vezes, torna-se até insuportável, sem contar também a quase inevitável submissão tecnológica que costuma acarretar".[18]

---

[18] Idem. Ibidem, pp. 355-356.

Leasing - Aspectos Controvertidos
do Arrendamento Mercantil

3

istórico

3.1. Na Idade Antiga

No comentário de Arnaldo Rizzardo, temos que:

"... o Código de Hamurábi regulamentou algumas relações jurídicas afins, como as transações comerciais, o contrato de trabalho, os direitos de propriedade e as obrigações dos locadores, mas sem a menor ligação com o arrendamento dito mercantil. Talvez no Egito alguns elementos tenham feito surgir a idéia de *leasing*. Havia uma norma, por volta do ano 3.000 a.C., permitindo a um homem rico alugar seus instrumentos de trabalho ou seu escravo a outra pessoa da mesma condição econômica. Quanto aos imóveis, o proprietário alugava para outro homem de condição inferior, ou pobre, designado pela palavra *moushkenou*, a qual originou o adjetivo mesquinho, e que tem a sua proveniência da Babilônia, significando entre os povos antigos, o *status* social da pessoa situada entre o homem livre e o escravo".[19]

Conforme verificamos,

"... na Grécia, Carlos Patrício Samanez aponta um fato histórico, identificando como forma rudimentar de *leasing*: na política de Aristóteles, há um fato controvertido que alguns consideram uma autêntica operação de arrendamento, enquanto outros o vêem como um método de monopólio. Antevendo um ano próspero para as oliveiras, aproveitou as circunstâncias para provar o contrário que diziam. Às vésperas

---
[19] RIZZARDO, Arnaldo. Ob. cit., p. 20.

das colheitas, comprou todas as prensas que havia em Mileto e Qui, sublocando-as, posteriormente, aos produtores de óleo a preços elevados e obtendo formidável lucro".[20]

No Direito Romano, não temos qualquer reminiscência, pois alguns contratos evidenciavam características insuficientes para identificá-los com a figura do *leasing*.

3.2. Na Idade Média

De acordo com a observação verificada, Rizzardo expõe:

"Fábio Konder Comparato, um dos primeiros a estudar o arrendamento mercantil no Brasil, traça algumas linhas que lembram a presença do instituto na Idade Média. Quando os capitais mobiliários escasseavam, os proprietários ou senhores feudais alienavam os bens, não exigindo do adquirente o pagamento à vista. Enquanto não se satisfazia a integralidade do preço, o alienante conservava o direito real de garantia sobre o imóvel, que podia se manter perpetuamente em seu nome".[21]

3.3. Na Idade Moderna

O *leasing*, ainda na lição do notável mestre Comparato,

"... representa uma recriação do velho censo reservativo para as necessidades industriais do momento. Declara que se insere neste vasto movimento de separação entre a propriedade estática e a propriedade dinâmica, entre a propriedade de gozo ou fruição e a

---

[20] RIZZARDO, Arnaldo. Ob. cit., p. 21, *apud* SAMANEZ, Carlos Patrício. *Leasing - Análise e Avaliação*, Editora Atlas, São Paulo, 1991, p. 14.

[21] RIZZARDO, Arnaldo. Ob. cit., p. 21, *apud* COMPARATO, Fábio Konder. *Contrato de Leasing*, RT 389/7.

propriedade sob a forma de empresa, que empolga todo do direito privado contemporâneo".[22]

O instituto em estudo surgiu da evolução no âmbito das relações comerciais. Na tentativa de encontrar alternativas para facilitar as transações, criaram-se figuras dentre as quais o *leasing*.

No consenso geral dos doutrinadores, surgiu na década de 50 nos Estados Unidos da América e se expandiu rapidamente.

Conforme Fran Martins, o episódio do seu surgimento ocorreu da seguinte forma:

" ... sentindo um empresário americano, P. Boothe Jr., necessidade de certos bens sem ter o numerário suficiente para adquirilos, imaginou que bons serviços prestariam ao comércio empresas que se encarregassem dessa aquisição e pusessem os bens à disposição dos comerciantes mediante arrendamento dos mesmos, dando-se aos arrendatários a faculdade de, findo o prazo do contrato, adquirir os bens arrendados. Daí surgiu a primeira empresa de *leasing*, a U.S. *Leasing*, em breve a essa seguindo-se muitas outras, dado o êxito obtido".[23]

Todavia, há os que negam a participação de P. Boothe Jr. na criação do *leasing*.

"O professor espanhol Martín Oviedo, da Universidade de Madrid, parece admitir a possibilidade de se considerar pueril, trivial e até mesmo anedótico atribuir-se o descobrimento do *leasing* ao americano Boothe Junior. São as seguintes as judiciosas observações do citado mestre. 'De puro debatida, se va volviendo ya pueril la question de si al *leasing* lo inventó un americano, P. Boothe Junior, cuando al tener que servir un fuerte sumnistro de alimentos preparados a la Marina de su país, concibió la idea de alquilar los equipos necesarios para cumplir su contrato. Esto ocurrió en 1952. Cualquiera puede mostrar una justificada extrañeza ante el hecho de que se dote de valor nada menos que histórico a un aconteci-

---

[22] QUEIROZ, José Wilson Nogueira de. Ob. cit., p. 10, *apud* COMPARATO, Fábio Konder. *Contrato de Leasing*, RT 389, pp. 7-14.

[23] MARTINS, Fran. Ob.cit., p. 550.

Leasing - Aspectos Controvertidos do Arrendamento Mercantil

miento tan trivial y que sin duda no fue al señor Boothe al primero que le sucedió".[24]

Segundo Arnoldo Wald:

"... os motivos do sucesso do *leasing* nos Estados Unidos foram a ausência no país de um mercado de capitais para o crédito a médio prazo, uma tributação muito severa no tocante às depreciações, uma economia geralmente próspera com altas porcentagens de lucro e a existência de empresas obrigadas a uma renovação contínua e rápida dos seus equipamentos diante do progresso tecnológico. As companhias se colocaram numa posição intermediária entre os bancos que operavam a curto prazo e as companhias seguradoras que financiavam ou investiam a longo prazo. Tornou-se, pois, o *leasing*, na América do Norte, o instrumento do crédito a médio prazo (entre 3 e 7 anos) por excelência, num país que não conhecia outras técnicas para tal faixa de financiamento e cuja legislação era muito rígida no tocante às depreciações de equipamento".[25]

---

[24] QUEIROZ, José Wilson Nogueira de. Ob. cit., p. 12, *apud* OVIEDO, Martín. *El leasing ante del derecho español - Editorial de Derecho Financiero*. Madrid, 1971, p. 17.

[25] RIZZARDO, Arnaldo. Ob. cit., p. 23, *apud* WALD, Arnoldo. *A Introdução do leasing no Brasil*, RT 415/10.

4

$\mathcal{D}$ireito comparado

Convém apreciar no trabalho proposto a expansão pelo mundo do instituto que ora analisamos. Generalizado o emprego do arrendamento nos Estados Unidos, gradativamente foi sendo introduzido para outros países. A esse respeito nos fala Rizzardo que:

"... Na França foi impulsionado por algumas causas, como as restrições na concessão de empréstimos bancários e a dificuldade das empresas em suportar, pelos meios próprios, os altos custos dos programas de investimento. A legislação considerou as sociedades como instituições financeiras, habilitadas a gozar de benefícios fiscais, o que lhes permitiu maior desenvolvimento. O ano de 1966, aparece como o marco da nova era do *leasing*, que experimentou uma dinamização com a abertura de empréstimos a favor das empresas que se dedicavam a este setor de negócios. Antes, a começar de 1963, a captação de capital era conseguida mediante o mercado financeiro, com o lançamento de títulos na Bolsa de Valores. Os bancos não demonstravam interesse neste novo campo de atividades, colocando certa resistência à sua implantação. Só depois despertou maior atenção, a ponto de a quase totalidade, mais cedo ou mais tarde, ter instituído a sua entidade de *leasing*, com participação em extensa gama de operações financeiras".[26]

"Na Inglaterrra, o instituto teve grande expansão. O negócio restringia-se ao vendedor e seu cliente. Aquele alugava os bens,

[26] RIZZARDO, Arnaldo. Ob. cit., pp. 24-25.

Leasing - Aspectos Controvertidos
do Arrendamento Mercantil

recebendo a contraprestação, na forma de aluguel. Não participava a instituição financeira, que só iniciou a intervir bem depois quando o desenvolvimento das transações reclamava maiores volumes de investimentos, o que provocou uma denominação da figura. A espécie recebeu regulamentação consolidada em 1965, no qual aparece a definição do instituto como locação com opção oferecida ao locatário para comprar o bem locado, podendo tal faculdade ser livremente exercida pelo usuário".[27]

"Na Bélgica, o surgimento ocorreu por volta de 1963, obtendo regulamentação legal mediante o Dec.lei Real 55, de 10.11.67. Antes, as taxas fiscais, como a de transmissão, estabelecida em 7% quando da aquisição do equipamento pela sociedade arrendante e novamente exigida no momento da locação, e o organizado sistema bancário existente coibiam o desenvolvimento do instituto. O corte da bitributação aconteceu com a promulgação da lei mencionada, determinando um recrudescimento dos negócios".[28]

"Na Itália as operações de *leasing* são mais recentes. Não existia, até há pouco tempo, um tratamento legal específico. Uma circular expedida pelo Ministério das Finanças, em 31.1.69, ditou as características da figura e disciplinou as obrigações das partes".[29]

"A Espanha não editou uma lei própria sobre o *leasing*. Este tipo de contrato iniciou a se expandir pelo ano de 1965, com a fundação de uma sociedade voltada particularmente ao comércio do arrendamento".[30]

"A partir de 1960, ficou conhecido na Alemanha o *leasing* financeiro. Há quem refira que o começo desta atividade remonta desde 1950, quando se verificou um surto de crescimento econômico vertiginoso".[31]

"Na Argentina, o desenvolvimento do *leasing* se deu a começar de 1969, com a inclusão do instituto na Lei 18.061, mas restrito entre as operações permitidas aos bancos de investimento e às

---

[27] Idem. Ibidem, p. 26.
[28] Idem. Ibidem, pp. 26-27.
[29] Idem. Ibidem, p. 27.
[30] Idem. Ibidem, p. 28.
[31] Idem. Ibidem, p. 29.

companhias financeiras, podendo, também, praticá-lo os bancos comerciais de outra natureza, desde que autorizados pelo Banco Central. (...) Na Argentina não se contempla a formação das companhias exclusivas de *leasing*. Permitem-se as operações aos bancos comerciais e de investimento, e às companhias de financiamento, que deverão formar seções especializadas, mas incumbindo a estas entidades gerir as atividades".[32]

"No Brasil, não se tem uma data precisa da implantação do arrendamento mercantil. Calcula-se, que desde a década de 60, negócios do tipo *leasing* eram realizados, particularmente nos grandes centros do Rio de Janeiro e São Paulo".[33]

Todavia, a regulamentação veio em 1974, através da Lei 6.099.

A Lei 6.099 versa, sobretudo, no aspecto tributário. No entanto, poderia ter apreciado melhor a matéria para evitar as constantes divergências devido ao tratamento superficial, como, por exemplo, da opção de compra ao final do contrato e outras situações as quais veremos ao longo de nosso estudo. Apesar de suas deficiências, veio atender a necessidade dos comerciantes no sentido de regular as relações jurídicas. Preocupou-se em conceituar o instituto, conforme o art. 1º, parágrafo único, da lei citada. Então vejamos:

"Considera-se arrendamento mercantil para os efeitos desta Lei, o negócio jurídico realizado entre pessoa jurídica, na qualidade de arrendadora, e pessoa física ou jurídica, na qualidade de arrendatária, e que tenha por objeto o arrendamento de bens adquiridos pela arrendadora, segundo especificações da arrendatária e para uso próprio desta".[34]

A fim de validar o contrato, a lei também se preocupou com o prazo a ser avençado, com o valor de cada contraprestação, com a opção de compra ou a renovação

---

[32] Idem. Ibidem, p. 30.

[33] Idem. Ibidem, p. 30.

[34] PAES, P. R. Tavares. *Leasing*. 2ª ed. São Paulo: Revista dos Tribunais, 1993, p. 83.

Leasing - Aspectos Controvertidos
do Arrendamento Mercantil

contratual, com o preço para opção de compra ou critério para sua fixação.

Segundo nos diz Rizzardo,

"... já antes da sistematização legal, foi fundada a Associação Brasileira das Empresas de *Leasing* (ABEL), visando à atuação conjunta de seus pioneiros, à regulamentação do instituto pelo legislador, ao saneamento das dúvidas existentes quanto à tributação da operação, sua divulgação como uma atraente forma de financiamento de bens que normalmente seriam incluídos no ativo fixo das empresas, além de outras atividades salutares".[35]

Como nos ensina o eminente Desembargador:

" ... ao que tudo indica, não foi propósito do legislador brasileiro desenvolver a estruturação do *leasing*, e nem apontar a sua natureza jurídica, ou classificar quais os tipos de empresas podem atuar neste ramo, embora haja alguma especificação no regulamento da lei, ou seja, na já revogada Res. 351, do Banco Central do Brasil, art. 12, que encerrava: 'Serão privativas de Bancos de investimento, de Bancos de desenvolvimento e de Caixas Econômicas as operações de arrendamento contratadas com o próprio vendedor dos bens ou com pessoas jurídicas a ele vinculadas'."[36]

---

[35] RIZZARDO. Arnaldo. Ob. cit., p. 31.

[36] Idem. Ibidem.

5

$\mathcal{M}$odalidades

Consoante veremos a seguir, o *leasing* apresenta espécies que se faz necessário evidenciar. Mesmo sendo em breves notas a fim de melhor elucidar o tema e como forma de complementar, inclusive, a análise da sua estrutura jurídica.

a) *Leasing* Financeiro. Para José Wilson Nogueira Queiroz,

"... trata-se do *leasing* puro. O locador não é um fabricante ou importador de material ou equipamento, e o objeto do arrendamento pode ser qualquer bem de investimento a que uma empresa esteja interessada em obter o uso, através da locação. O locatário não pode, em princípio, pôr fim ao contrato de arrendamento antes do termo avençado. O aluguel, por sua vez, é determinado em função do custo do objeto, abstração feita da intensidade de seu emprego, e não se obriga pela manutenção do objeto da locação. A característica básica do *leasing* exterioriza-se por uma especulação sobre a solvabilidade do locatário, na vigência do contrato, conseqüentemente, sobre a capacidade de pagamento do aluguel, até o término do contrato. A aquisição do equipamento, de acordo com as especificações indicadas pela proponente, nesse tipo de operação, efetua-se pela empresa de *leasing*, que, em seguida, contrata o arrendamento com a interessada".[37]

---

[37] QUEIROZ, José Wilson Nogueira de. Ob. cit., p. 16.

Leasing - Aspectos Controvertidos
do Arrendamento Mercantil

Nos diz o autor José Wilson Nogueira de Queiroz que, em síntese,

" ... as características operacionais do *leasing* financeiro poderiam ser assim esboçadas:

- as responsabilidades decorrentes do direito de propriedade permanecem com a empresa locadora,

- a locadora, na vigência do contrato, poderá recuperar o valor do investimento, bem como, evidentemente, o correspondente à remuneração do capital,

- as despesas com a locação deverão ser deduzidas totalmente com gastos operacionais, reduzindo, dessarte, o lucro tributável,

- a locadora não é empresa industrial ou importadora como ocorre no *renting*. Ela fica numa posição intermediária entre a empresa locatária e as instituições financeiras, assimiladas a essas, por força da lei, para fins de controle do Banco Central do Brasil,

- a intervenção da locatária, na relação de compra e venda do equipamento, é explicada como um mandato de natureza especial".[38]

b) *Leasing* de Retorno: (*lease back*). Segundo entendimento de Rizzardo,

"... as operações de arrendamento mercantil são contratadas com o próprio vendedor do bem ou com pessoas jurídicas a ele ligadas. Tem como pressuposto a alienação do bem pelo proprietário, aumentando, assim, a sua liquidez, e, após, arrendando o mesmo bem, o que determina a sua transformação em arrendatário".[39]

Para José Wilson Nogueira de Queiroz,

"... as operações de *lease-back* deverão obedecer aos seguintes requisitos:

- limitação a duas vezes a soma do capital realizado e reservas da instituição financeira arrendadora,

- no caso de bancos de investimentos, e quando se tratar de imóveis, impedimento de exceder a metade do limite previsto na alínea anterior,

---

[38] Idem. Ibidem, p. 17.

[39] RIZZARDO, Arnaldo. Ob. cit., p. 39.

- invariabilidade do preço para opção de compra, no término do contrato, de um valor contábil residual.

A locatária alienante converterá parte do seu imobilizado em dinheiro, enfrentando a falta de liquidez, e não perdendo, todavia, a disposição do bem que permanece em seu poder e posse, passando a pagar aluguéis, com a possibilidade de usufruir dos benefícios fiscais com a dedução a título de despesas operativas, na forma permitida pelo art. 11, da Lei 6.099".[40]

c) *Self Leasing*. Conforme entendimento de Tavares Paes,

"... via de regra é praticado por pessoas jurídicas diferentes que sejam controladas por outra ou outras. O prof. Mauro Brandão Lopes apresenta duas modalidades para o *self leasing*, prelecionando que, na primeira, sociedades coligadas ou interdependentes 'assumem as posições do arrendador, do arrendatário e do vendedor da coisa, respectivamente, ou somente dos dois primeiros. Assim, uma delas, na qualidade de arrendador, adquire a coisa de sociedade, que pode ou não pertencer ao grupo, para dá-la em locação a outra sociedade do grupo, na qualidade de arrendatária'. Na segunda modalidade, esclarece ainda o prof. Brandão Lopes, o fabricante ou produtor é o arrendador, e dá diretamente ao arrendatário, em locação, a coisa que fabricou, mediante contrato com a mesma característica básica dos demais contratos descritos, ou seja, o aluguel, compreensivo de custos totais e lucro".[41]

d) *Leasing* Operacional. Para Tavares Paes

"... é uma operação efetuada diretamente pelo fabricante do equipamento, que o arrenda. Dispensa intermediários".[42]

Essa modalidade encontra-se disciplinada no art. 6º, da Resolução 2.309/96.

---

[40] QUEIROZ, José Wilson de. Ob. cit., pp. 18-20.

[41] PAES, Tavares. Ob. cit., p. 30, *apud* LOPES, Mauro Brandão. *Natureza Jurídica do leasing*, RDM 14/37.

[42] Idem, p. 28.

6

a revisão do contrato

Cumpre examinar nesse capítulo as conseqüências pela assinatura do contrato. O desconhecimento do funcionamento do *leasing* ainda é um obstáculo no Brasil. Devido a essa visão distorcida, muitas arrendatárias têm procurado o Judiciário a fim de dirimir conflitos, na ânsia de possíveis alterações de cláusulas contratuais, que, via de regra, são de adesão. A discussão acerca da revisão se deve também ao fato das inúmeras reformas monetárias realizadas pelo governo, às intervenções constantes do Banco Central, aos choques heterodoxos que desequilibraram os contratos já existentes e que já continham índices projetados da inflação e que posteriormente foi declarada inexistente.

Conforme Villaça,

"... o princípio da força obrigatória dos contratos sempre foi da essência dos sistemas contratuais, mostrando-se no Direito Civil brasileiro, pelo disposto no art. 928 de nosso Código, que assenta: 'A obrigação, não sendo personalíssima, opera assim entre as partes, como entre seus herdeiros'. Os contratos são obrigatórios para as partes, porque estas, por intermédio desses instrumentos, realizam suas cláusulas, regulando seus próprios interesses. O contrato representa para as partes, verdadeira lei, só para elas, ou como diziam os romanos, a *lex privata*".[43]

---

[43] AZEVEDO, Álvaro Villaça. *Teoria da Imprevisão e Revisão Judicial nos contratos*, RT 733, nov./96, p. 110.

No comentário de Arnoldo Wald,

"... a idéia de que atendendo-se a boa fé, o contrato entre as partes é obrigatório como se fosse lei - *pacta sunt servanda*... Esse espírito individualista, liberal e contratualista do Código de Napoleão se manteve nas legislações que o seguiram... Com o advento do século XIX deflagrou-se um importante movimento de transformações sociais, econômicas e políticas, uma autêntica revolução dos fatos contra o Direito... trazendo a lume a socialização do Direito... Diante das modificações que foram introduzidas na concepção de contrato, a doutrina passou, inclusive, a questionar se ainda subsistia o conceito que lhe tinham dado os redatores do nosso Código e anteriormente o legislador francês em face do aumento das disposições de ordem pública e do crescente intervencionismo econômico do Estado... Surgiram, assim, certas teorias e técnicas que tinham por objetivo evitar os abusos e excessos no exercício do Direito, que deveria estar voltado ao atendimento de sua finalidade social. São os denominados conceitos amortecedores ou válvulas de segurança, dentre os quais destacam-se as teorias do abuso do Direito e da imprevisão".[44]

Conforme Vanda Maria da Cunha Bueno, existe a afirmativa que:

"... pelo menos 2700 anos antes da nossa era, o primeiro escrito, ainda em pedra, consagrava a cláusula *rebus sic stantibus*. Dizia a lei 48 do Código de Hamurábi: 'Se alguém tem um débito a juros e uma tempestade devasta o campo ou destrói a colheita, ou por falta de água não cresce o trigo no campo, ele não deverá nesse ano dar trigo ao credor, deverá modificar sua tábua de contrato e não pagar juros por esse ano'." [45]

O surgimento do evento,

"... atribui-se aos canonistas e aos glosadores dos séculos XIX a XVI a formulação da cláusula *rebus sic stantibus* em contraposição ao velho princípio *pacta sunt servanda*, segundo o qual sempre se deveria respeitar o contrato firmado entre as partes,

---

[44] WALD, Arnaldo, *Ajuris 64*, p. 386.

[45] SILVA, Carlos Medeiros e TÁCITO, Caio. *Dir. Adm. Periódicos*, n. 201, Renovar, p. 35.

quaisquer que fossem os fatos ocorridos posteriormente. Os criadores daquela cláusula buscavam minorar os efeitos danosos da execução dos contratos que gerassem obrigações sucessivas e a termo, quando as condições contemporâneas à formação do vínculo contratual já estariam completamente modificadas".[46]

Conforme Arnoldo Wald,

" ... a cláusula *rebus sic stantibus*, renovada no Direito moderno sob o nome de teoria da imprevisão assume a função de conceito amortecedor que limita a autonomia da vontade no interesse da comutatividade dos contratos, com o fim de assegurar a equivalência das prestações das partes, quando por motivo imprevisto uma delas se tornou excessivamente onerosa".[47]

A admissão do aspecto de rever o contrato abre a possibilidade de torná-lo mais justo e mais humano. Utilizando-se da teoria da imprevisão, admite-se a ruptura do princípio do *pacta sunt servanda*, ou seja, que o contrato faz lei entre as partes de forma inalterável. À medida que o desequilíbrio das relações forem supostamente exageradas, convém reavaliar a situação. Isto tende a ocorrer mais nos contratos a longo prazo, como no nosso caso diante dos altos e baixos de nossa economia. Verificam-se a situação geral do contrato, a vontade das partes e acima de tudo a boa-fé.

Conforme Arnoldo Wald:

"Diante da legislação especial, editada após o Código Civil, a doutrina e a jurisprudência brasileira têm considerado que é aplicável no Brasil a teoria da imprevisão. ...Recentemente, o Código de Defesa do Consumidor - Lei 8.078 de 11.09.90 garantiu o direito à revisão dos contratos quando houver modificação das cláusulas contratuais que estabeleçam prestações desproporcionais, ou sua revisão em razão de fatos supervenientes que as tornem excessivamente onerosas. (art. 6º, V).[48]

---

[46] Idem. Ibidem, p. 36.

[47] WALD, Arnoldo, *Ajuris* 64, p. 387.

[48] Idem. Ibidem, p. 388.

Leasing - Aspectos Controvertidos
do Arrendamento Mercantil

Ainda, sobre a opinião de Arnoldo:

"A jurisprudência dos Tribunais e da própria administração e até os pareceres da Consultoria Geral da República consagraram há mais de 60 anos, a teoria da imprevisão, considerando que ela foi adotada pelo nosso Direito, constituindo um verdadeiro princípio geral, que deve ser aplicado pelas autoridades, tanto judiciárias como administrativas, e por todos os contratantes. Desde 1930, Juízes de primeira instância do antigo Distrito Federal, como Nelson Hungria, Emanuel Sodré e Cândido Lobo abriram caminho para a teoria da imprevisão, que passou a ser adotada pelos Tribunais de Justiça de vários estados e, finalmente, pelo Supremo Tribunal Federal, que confirmou, ainda em 1934, decisão que admitira a aplicação da cláusula *rebus sic stantibus*, ou seja, da teoria da imprevisão. Posteriormente, numerosas decisões do Excelso Pretório consideraram que o nosso direito admitia a revisão dos contratos, em casos excepcionais. Posteriormente, ocorreram novos pronunciamentos da Suprema Corte, que consagraram a teoria da imprevisão, mas afastaram a sua aplicação em casos nos quais a inflação tinha sido prevista pelas partes e houvera pagamento prévio e antecipado do débito. Podemos afirmar que tivemos uma evolução dialética na jurisprudência do STF que, inicialmente aceitou de modo amplo a teoria da imprevisão para depois afastar a sua aplicação quando as partes tinham previsto inflação. O mais alto Tribunal do país aplica a teoria da imprevisão, mesmo quando prevista a inflação e até criando pelas partes um mecanismo de proteção contra a sua incidência, desde que a inflação tenha atingido um nível imprevisível e as cláusulas de salvaguarda não tenham funcionado adequadamente. Atendeu-se, assim, a variação quantitativa da inflação que abala o contrato, considerando-a imprevisível em determinadas circunstâncias".[49]

A Suprema Corte tem decidido que a cláusula *rebus sic stantibus* é admitida, como implícita, somente em contratos com pagamentos periódicos sucessivos de ambas as partes ao longo de prazo dilatado, se ocorreu alteração profunda e inteiramente imprevisível das circunstâncias existentes ao tempo da celebração do negócio.

---

[49] Idem. Ibidem, p. 389.

Esse estudo se reveste de um alto grau de importância, pois permite emergir demandas judiciais com vistas a reformar uma determinada situação previamente estabelecida.

"Atenta a essa situação, a jurisprudência, inclusive do STF, consagrou a tese de acordo com o qual cabe a aplicação da teoria da imprevisão quando: ocorre aumento imprevisível de surto inflacionário, depois de celebrado o contrato. Tem reconhecido o STF, que não viola a disposição de lei o julgado que acolhe a cláusula *rebus sic stantibus*, admitindo a teoria da imprevisão, quando circunstâncias supervenientes alteram as condições do contrato".[50]

Destaca-se, mais uma vez, o posicionamento de Arnoldo Wald:

"Chegamos, pois, à conclusão de que a teoria da imprevisão se aplica à hipótese de inflação, tanto nos casos em que ela não foi prevista, sem que as partes concebessem, ou devessem prever, no entanto, as dimensões que ela poderia alcançar".[51]

A oportunidade de provar uma eventual situação desproporcional de desigualdade das prestações no curso do contrato, representa uma espécie de segurança para as partes contratantes, com o alívio de não correr o risco de empobrecimento exacerbado, ante modificações casuais, alheias à vontade negocial. Assim, podemos aplicar essa teoria quando o desequilíbrio de interesses enriquece uma das partes em detrimento da outra.

Conforme Villaça,

"... a doutrina e a jurisprudência têm fixado parâmetros à aplicabilidade da teoria da imprevisão".[52]

Para ele,

"... a cláusula *rebus sic stantibus* instala-se nos contratos, para prevenir contra a alteração objetiva, imprevista e imprevisível, das situações, existentes no momento da contratação, contra a

---

[50] Idem. Ibidem, p. 390.

[51] Idem. Ibidem, p. 391.

[52] AZEVEDO, Álvaro Villaça. Ob. cit., p. 111.

Leasing - Aspectos Controvertidos
do Arrendamento Mercantil

onerosidade excessiva, representada pelo desequilíbrio prestacional, e contra o enriquecimento de um dos contratantes, com prejuízos do outro, não previstos no negócio".[53]

Ainda, conforme Villaça:

"Todavia, não é o caso de cogitar-se de rescisão contratual, pois esta implicaria culpa de uma ou de ambas as partes, o que é incompatível com a aludida teoria. Há que falar-se, sim, em resolução contratual, que recoloca os contratantes no *statu quo ante*, independentemente de qualquer indenização".[54]

O Direito deve tender ao justo e eqüitativo, ainda que de modo relativo, como é a Justiça dos homens.

Conforme Villaça:

"Em 1938, decidiu o Supremo Tribunal Federal, que a regra *rebus sic stantibus* não é contrária a texto expresso da lei nacional".[55]

"Quanto à inaplicabilidade da teoria da imprevisão às alterações contratuais, em razão da inflação, manifestou-se, corretamente, asseverando: Quem quer que contrate num país, que sofre do mal crônico da inflação, sabe que o desequilíbrio se verificará inelutavelmente, se a prestação pecuniária houver de ser satisfeita depois da celebração do contrato. O desequilíbrio é, por conseguinte, previsível, pelo que à parte que irá sofrê-lo cabe acautelar-se".[56]

Temos que ter em mente, que mesmo com a existência dos pressupostos justificadores da aplicação da teoria da imprevisão e com a ocorrência de prejuízos, se faz necessário que o enriquecimento seja indevido e injustificável, resultando empobrecimento sensível para um dos contratantes.

"A jurisprudência pátria não tem admitido a aplicação da cláusula *rebus sic stantibus*, em caso de inflação. Inaceitável a invoca-

---

[53] Idem. Ibidem, p. 112.

[54] Idem.

[55] Idem. Ibidem, p. 113.

[56] Idem. Ibidem, p. 114, *apud* GOMES, Orlando. *Transformações Gerais do Direito das Obrigações*, RT, São Paulo, 1980, p. 148.

ção da teoria da imprevisão, com aplicação da cláusula *rebus sic stantibus*, quando as circunstâncias indicadas como imprevisíveis e inevitáveis são públicas, notórias e comuns na política econômica e financeira do país, resumidas na inflação e suas conseqüências. Destaca-se, mais, a decisão do Tribunal de Alçada Civil de São Paulo, por sua 6ª Câm. e por unanimidade de votos, em 05.12.1989, sendo relator o Juiz Evaldo Veríssimo (JTACSP-Lex 122/86, especialmente, p. 89), que assenta: 'A teoria revisionista do contrato, inspirada no princípio *rebus sic stantibus*, deve ter atuação moderada, para, efetivamente, encontrar o enriquecimento sem justa causa.' O contrato, sabe-se, se constitui em lei para as partes. Sua revisão há de ser possível quando razão jurídica credenciada possa torná-lo incumprível, na medida em que esteja ligada, a causa infirmatória, a um invencível erro contratual".[57]

Apesar do nosso Código Civil não ter acolhido a teoria da imprevisão de modo expresso, como regra geral de revisão dos contratos, temos essa previsibilidade no CDC, art. 6º, V, da Lei 8078/90. Então, é possível a intervenção do Estado através da atividade jurisdicional, nos contratos celebrados entre particulares a fim de adequar-lhes o conteúdo à ordem pública e reprimir eventuais excessos ou abusos no exercício de direito, mormente quando ultrapassam os limites impostos pela boa-fé, a moral e os costumes. Destarte, o princípio da força obrigatória dos contratos não fica derrogado, mas se adapta à realidade jurídica em que vivemos.

Nas mais variadas circuntâncias, o melhor remédio deve ser dosado com a pertinência que lhe convém. É preferível adaptar o contrato as novas condições do que rescindi-lo.

De acordo com Costa Rego, cabe-nos refletir:

"... a justiça não é bela apenas quando manuseia um Código e o aplica".[58]

---

[57] Idem. Ibidem, pp. 114-116.

[58] LEÃO, Antônio Carlos Amaral, RT n. 656, p. 253.

Leasing - Aspectos Controvertidos
do Arrendamento Mercantil

Cabe ao Magistrado, a responsabilidade social de avaliar o caso concreto e proferir uma decisão. Em geral, quem celebra um contrato o faz partindo do pressuposto de que tudo ocorrerá normalmente. Justifica-se a revisão quando a declaração de vontade não mais corresponde àquele querer, ou seja, à frustração. Havendo o desequilíbrio, considero possível a análise das cláusulas a fim de possibilitar a revisão, adaptando-se às novas realidades e reequilibrando o contrato. Transparecendo um prejuízo considerável levando à ruína e o enriquecimento injusto ao outro contratante, é merecida a revisão desde que presente a boa-fé e a prova da onerosidade excessiva. É de bom alvitre que a arrendatária não esteja em mora no momento da alteração das circuntâncias. Trata-se de adequar o conteúdo do contrato à nova realidade econômica. A revisão firma-se na noção da moral e do aspecto jurídico correlacionado.

"Entendo o texto perigoso, porque deixando ao arbítrio do juiz, pura e simplesmente, a alteração do contrato, possibilita que o julgador crie situações contratuais, sem a indispensável anuência dos contratantes".[59]

"Diante disso, o princípio do *pacta sunt servanda* há de prevalecer enquanto permanecer inalterada a realidade objetiva contemporânea à celebração do contrato".[60]

"... o contratante beneficiado pela imprevisão abre mão parcialmente de seu enriquecimento, para proporcionar a ambas as partes contratantes a consecução total do pagamento".[61]

"A experiência jurisprudencial tem mostrado que a Teoria da Imprevisão tem merecido abrigo quase unânime dos julgados de nossos Tribunais".[62]

---

[59] AZEVEDO, Álvaro Villaça, ob. cit., p. 117.

[60] KLANG, Márcio. *A Teoria da Imprevisão e a Revisão dos contratos*, 2ª ed., São Paulo: RT, p. 75.

[61] ROQUE, Sebastião. José. *Direito Contratual Civil-Mercantil*. São Paulo: Ícone, p. 54.

[62] NETO, Antonio José de Mattos, *in Revista de Direito Civil* n. 63, p. 100.

Posiciona-se da seguinte forma, por exemplo, a jurisprudência pátria:

"Realmente, deixa isso clarividenciado, por votação unânime, nestes termos: A oneração excessiva da prestação contratual derivada da inesperada e imprevisível alteração da situação de fato contemporânea à celebração do contrato não o dissolve de pleno direito ou autoriza o prejudicado a alterar unilateralmente seu conteúdo. A intervenção judicial é imprescindível para apuração dos requisitos indispensáveis à aplicação da teoria da imprevisão".[63]

Veja-se, também, por votação unânime, que assim ficou decidido:

"... em um contrato de *leasing* que previa reajustamento das parcelas, em anexo firmado livremente pelo devedor e integrante do documento principal, reajustamento, aliás, não estabelecido sob critério diverso das Obrigações do Tesouro Nacional, à época, decidiu que ele apresenta plena validade de suas cláusulas. E prossegue o julgado: Não pode o devedor, após o retorno da situação inflacionária e pagas já algumas prestações de acordo com o cálculo estimado, pretender a declaração de nulidade do anexo para as parcelas vincendas..., sendo certo que o devedor não se insurgiu contra o reajustamento. Assim, não ocorrendo fato necessário imposto por acontecimento natural ou fato de terceiro a impossibilitar o cumprimento da obrigação, nos termos do art. 1058, parágrafo único, do CC, a imprevisão, por si só, não constitui modalidade de força maior, capaz de afastar a responsabilidade".[64]

"A propósito, decidiu, nesse sentido, por votação unânime, ao entender que, havendo no instrumento contratual previsão clara no tocante à variação da base monetária do trato, não se justifica a invocação da teoria da imprevisão. Ocorrendo o inadimplemento por parte do comprador, impõe-se a rescisão do contrato, com perda das prestações pagas".[65]

---

[63] AZEVEDO, Álvaro Villaça. Ob. cit., p. 116, *apud* RT 643/90. SP. TJ. Rel. Des. José Cardinale. J. 22.02.89.

[64] Idem. Ibidem, p. 116, *apud* RT 646/57. SP. TJ. Rel.: Des. Luiz de Azevedo. J. 25.04.89.

[65] Idem, *apud* RT 632/117. SP. TJ. Rel.: Des. Lair Loureiro. J. 02.06.88.

"Leasing. Revisão do contrato. Repetição do indébito. Tem-se por abusivas cláusulas que deixam ao arbítrio de uma das partes a fixação dos encargos e taxas de juros, tais quais as que estabelecem índices flutuantes a serem fixados pela ANBID. Para repetição do indébito, não basta a prova do pagamento indevido. É preciso que tenha feito o pagamento na suposição falsa de que era devido. Necessário, em suma, que tenha pago por erro".[66]

O eminente Juiz, Dr. Arno Werlang, assim decidiu:

"... operada, no plano da existência, a extinção das obrigações, impossível, no plano da eficácia, revisão do contrato. Não basta que prove ter pago dívida inexistente ou vencida, se condicional, é preciso que tenha feito o pagamento na suposição falsa de que era devido. Necessário, em suma, que tenha pago por erro. No nosso direito, o ônus da prova recai no autor da ação de repetição, isto é, naquele que alega ter pago indevidamente".

Os autores estão pretendendo revisar contratos já executados, extintos pelo pagamento, exauridos nos seus efeitos. Na opinião da Câmara:

"... em inúmeras oportunidades, tem se manifestado no sentido da inadmissibilidade da revisão de contratos já cumpridos, não se pode revisar o que não mais existe".[67]

"Revisão contratual. Possibilidade. Juros constitucionais. Correção monetária e comissão de permanência, inacumulabilidade. Esta Câmara tem decidido que a excessiva onerosidade contratual decorrente do processo inflacionário não constitui fundamento para a revisão contratual, pois se trata de fenômeno existente há décadas no País e não correlacionado com caso fortuito ou força maior, ou acontecimento excepcional e imprevisto, capaz de provocar o enriquecimento injusto de um dos contratantes e o empobrecimento do outro".[68]

"Arrendamento mercantil. Inadimplemento. Ação de revisão. Impossibilidade. Resolução. Incabível o pedido de revisão de con-

---

[66] RS. TA. Ap. Cív. 195106448. 1ª Câm. Cív. Rel. Arno Werlang. J. 17.10.95.

[67] Idem.

[68] RS. TA. Ap. Cív. 192184877 - 1ª Câm. Cív. Rel. Heitor Assis Remonti. J. 09/02/93.

trato de arrendamento mercantil depois de operada a resolução pelo inadimplemento por força de cláusula resolutório expressa. Ainda que considere indevido o valor cobrado, cabia ao arrendatário adotar as medidas para evitar os efeitos da mora. Hipótese em que, ainda que desnecessário, o arrendador notificara o arrendatário para purgar a mora não tendo este manifestado o interesse no cumprimento, limitando-se a ajuizar ação de revisão sem ter sequer requerido o depósito das prestações vencidas e vincendas. Processo extinto. Decisão unânime".[69]

O entendimento predominante na jurisprudência é de não revisar o contrato após ocorrida a sua extinção, cabendo apenas a discussão acerca dos efeitos da resolução, principalmente quando a arrendatária não demonstra o interesse de depositar em juízo ou pagar a arrendadora diretamente quando estiver em mora.

"Arrendamento mercantil. Revisão contratual. Reintegração de posse. Onerosidade excessiva do contrato. No contrato de *leasing* há um arrendamento tanto quanto há um financiamento, sendo que o primeiro está estribado no segundo. Entretanto, no caso vertente, o arrendamento é mera ficção, porquanto as cláusulas revelam, na realidade, um contrato de compra e venda com financiamento, no prazo de vinte e quatro meses, pelo qual o consumidor adquire um veículo por quase o dobro do valor estimado, sem contar a incidência de correção monetária cumulada com altas taxas de comissão de permanência, e a repactuação bimestral das contraprestações com base na variação da taxa ANBID. O contrato contém cláusulas potestativas, que são nulas, conforme o disposto no art. 51, X, e seu parágrafo primeiro, III, da Lei de Usura, nunca revogada, não permite a estipulação de taxas de juros superiores ao dobro da taxa legal, e o art. 4º veda o anatocismo. Na hipótese de pactuação de parcelas que englobem além dos juros outras rubricas como a correção monetária ou o valor locativo, todos os seus componentes devem resultar perfeitamente especificados, para não violar direito básico do consumidor, garantido pelo art. 6º, III, da Lei

---

[69] RS. TA. Ap. Cív. 196168306 - 9ª Câm. Cív. Rel. Maria Isabel de Azevedo Souza. J. 17.12.96.

Leasing - Aspectos Controvertidos
do Arrendamento Mercantil

8.078/90. Mostrando-se abusiva a cobrança de encargos feita à apelada, não foi esta constituída em mora validamente, pois sequer poderia saber o valor correto para uma eventual consignação. Apelação desprovida".[70]

6.1. Das liminares

6.1.1. Do depósito judicial

A fim de demonstrar a boa-fé do arrendatário, ao se sentir lesado perante o contrato de arrendamento mercantil, e, por considerar abusivos os valores que por ora estão sendo cobrados pela arrendadora, o melhor caminho é a ação ordinária de revisão contratual. Contudo, é importante que nesse momento o arrendatário esteja em dia com suas parcelas. Além disso, é viável requerer a liminar para depositar judicialmente as contraprestações remanescentes e depositá-las à medida que forem vencendo. Isso, todavia, não impede o ajuizamento por parte da arrendadora da ação de reintegração de posse, pois afastar-lhe essa possibilidade seria cercear-lhe o direito de acesso ao Judiciário, direito esse assegurado pelo art. 5º, XXXV, da CF.

Corroborando com essa explanação, temos as conclusões da reunião do Centro de Estudos do antigo Tribunal de Alçada do Rio Grande do Sul - CETARGS, na qual convém transcrevê-las:

"Cabível o depósito das prestações, no curso de ações revisionais ou declaratórias, atinentes à redefinição de débitos ou da própria figura jurídica, referentemente a contratos de arrendamento mercantil.

O depósito de prestações referentemente a contratos de arrendamento mercantil, calculadas em seus valores consoante a ótica do arrendatário, como forma de obstar que, acolhida tese

---

[70] RS. TA. Ap. Cív. 195144589 - 5ª Câm. Cív. Rel. Márcio Borges Fortes. J.28.03.96. Julgados 99, pp. 275-279.

deste, seja considerado em mora, até porque deixara de pagar aquilo que entendia como devido, não oferece qualquer desvantagem ao credor. Ao oposto, assegura, até, melhor efetividade quanto à responsabilidade patrimonial.

Por outro lado, necessário explicitar que o deferimento judicial à realização de tal depósito não implica qualquer juízo, quanto à exatidão de seus valores, e não elimina a mora do devedor, referentemente ao que faltar e, notadamente, não impede à eventual concessão de liminar reintegratória de posse, na ação própria a tal.

É claro que a existência do depósito, nitidamente cautelar (apenas evita que ele, arrendatário, seja considerado em mora, quanto ao que entender devido), irá ser sopesada, para fins de deferimento da aludida liminar reintegratória.

Por fim, remata-se que dito depósito não se confunde com aquele atinente à ação consignatória, tendo apenas os limitados alcances acima declinados".[71]

Na verdade, é impossível acatar o impedimento de ingresso da reintegração de posse por parte da arrendadora, pois esbarraria no princípio constitucional de que toda lesão ou ameaça a direito poderá ser submetida à apreciação do Judiciário. Ademais, pela própria natureza do contrato celebrado, assiste ao arrendante direito a ajuizar ação possessória, com pedido liminar, em caso de o arrendatário dar causa, pelo inadimplemento, à resolução extrajudicial da avença.

Com efeito, ante a alegação de abusividade na cobrança dos valores pagos pela instituição arrendadora, mostra-se injusto exigir dos arrendatários o pagamento de tais quantias para ilidir a mora. Assim, enquanto estiver em trâmite a ação revisional, razoável e prudente é a permissão dos depósitos com valores expungidos dos alegados excessos, o que, inclusive, vem demonstrar a boa-fé do arrendatário.

Podemos dizer que cumulada a ação revisional com a reintegração de posse em decorrência da mora no

---

[71] Julgados 99, pp. 401-402.

Leasing - Aspectos Controvertidos
do Arrendamento Mercantil

pagamento das prestações, nada obsta o deferimento da liminar de reintegração de posse. Uma vez presentes os pressupostos para a concessão da liminar, nada a impede, independentemente do ajuizamento por parte da arrendatária de ação ordinária de revisão de contrato por onerosidade excessiva. Nem mesmo autoriza a suspensão do cumprimento da liminar e da tramitação da reintegratória a circunstância de pretender futuramente a compensação das quantias ainda devidas segundo o contrato, com aquelas que hipoteticamente teriam sido cobradas a mais, dependentes que são de seu reconhecimento judicial quanto a sua existência e seu montante.

A jurisprudência pátria de nossos Tribunais tem se manifestado da seguinte forma:

"Agravo de instrumento. Ação revisional de contrato. Arrendamento mercantil. Antecipação de tutela. Havendo demonstração do abuso contratual que está provocando onerosidade excessiva ao agravado, é razoável a concessão da tutela cautelar para permitir o depósito dos valores do contrato de *leasing*. A manutenção da posse do bem nas mãos do agravado é questão que deverá ser examinada quando for intentada a ação de reintegração de posse, levando-se em conta todos os elementos úteis e vinculados ao objeto do pedido, inclusive os reflexos da ação de revisão. Agravo provido em parte".[72]

"Leasing. Revisão: contrato. Arrendamento mercantil. Medidas acautelatórias. Autorização de depósitos das prestações enquanto se discute sua legitimidade e nulidade de algumas cláusulas do contrato. Resguardo da situação jurídica existente, em que a posse do bem deriva do contrato, sendo legítima até sua rescisão. Cessação dos débitos em conta corrente antes autorizados. Possibilidade do credor intentar a execução de título cambiário (art. 585, do CPC). Agravo parcialmente provido".[73]

---

[72] RS. TA. AI 196033997 - 7ª Câm. Cív. Rel. Perciano de Castilhos Bertolúcci. J. 26/06/96. Dado provimento parcial. Unânime.

[73] RS. TA. AI 196103311 - 4ª Câm. Cív. Rel. Moacir Leopoldo Haeser. J. 27/06/96. Dado provimento parcial. Unânime.

"*Arrendamento mercantil.* Ação revisional. Tutela antecipada. Depósito judicial das prestações. Admissibilidade. No pleito revisional cabível é a concessão de liminar que autoriza o arrendatário depositar as parcelas que considera devidas. Afastar a possibilidade de ajuizamento de ação reintegratória pelo arrendador corresponderia a cercear-lhe o direito de acesso ao Judiciário assegurado pelo art. 5º, XXXV, da Constituição Federal. Agravo parcialmente provido".[74]

"*Leasing. Ação revisional do contrato. Liminar de sustação de efeitos de mora em face de depósito de prestações segundo pretensão deduzida na ação revisional.* Reiterado o entendimento da Câmara no sentido de que o contrato de *leasing* não se conforma à simples idéia de financiamento, daí sua insuscetibilidade de revisão, quanto ao preço, mediante o contraste com dispositivos legais limitadores de juros, nega-se provimento ao agravo manifestado contra decisão que, em ação revisional de contrato, não conferiu aos depósitos ofertados por sua autora, em valores inferiores aos contratados, o efeito de suspender a mora ou seus efeitos. Onerosidade excessiva também não aparente. Agravo, outrossim, que não se viu instruir com a parte do contrato onde especificadas as suas condições e objeto. Desvirtuamente do contrato, ainda, cujo desate há de se dar no devido tempo".[75]

6.1.2. Da manutenção de posse

Como vimos, diante do princípio constitucional de acesso ao Judiciário, nada impede que a arrendadora ajuíze a reintegração de posse.

Conforme decisões de nossos Tribunais, tem prevalecido a situação da permanência do bem com a arrendatária quando existe a tramitação da revisional e o devido depósito judicial correspondente. Esse depósito eviden-

---

[74] RS. TA. AI 196195770 - 2ª Câm. Cív. Rel. Roberto Laux. J. 19/12/96.

[75] RS. TA. AI 196052831 - 6ª Câm. Cív. Rel. Marcelo Bandeira Pereira. J. 09/05/96.

cia a intenção de honrar o contrato e a boa-fé. Outro motivo ensejador da manutenção é quando ocorreu a antecipação do valor residual. Tratam-se de elementos fortes que são amplamente considerados no momento em que o juiz possui o processo da reintegração de posse e que precisa se manifestar acerca da liminar.

Tem entendido a jurisprudência pela não-concessão da liminar na hipótese de o processo estar *sub judice* e quando a mora não estiver caracterizada diante do deferimento de liminar em pleito revisional que autorizou a arrendatária a depositar as parcelas vincendas. Com isso, as partes se mantêm no *status quo* até o deslinde final das ações, desde que nenhum fato superveniente ocorra, como, por exemplo, o mau uso do bem pela arrendatária e o não-cumprimento dos depósitos judiciais nas datas aprazadas durante o curso dos processos. Cabe lembrar que a medida liminar do juiz não tem efeito definitivo e muito menos decide o mérito ao pronunciá-la.

Quanto ao valor residual garantido insurge a jurisprudência, pois pairam dúvidas não só quanto à ilicitude da exigência antecipada do valor residual, mas também acerca da própria natureza jurídica do contrato celebrado. A fim de não descaracterizar o *leasing*, a arrendadora procura assegurar que essa espécie de VRG seria para se ressarcir das obrigações não-cumpridas no vencimento pela arrendatária. Assim, não há o porquê de se conceder a liminar de reintegração de posse, enquanto perdurar a revisional diante do bom uso do bem e quando resta evidente que o somatório das contraprestações acrescido do valor residual garantido, já pago, quitaria o contrato.

Nas conclusões da Reunião do Centro de Estudos do antigo Tribunal de Alçada do Rio Grande do Sul, temos as seguintes considerações:

"O cabimento, ou não, da liminar reintegratória de posse há de ser apreciado, se e quando proposta, na ação possessória. É evidente, e assim se afastam receios de injusta concessão de liminares reintegratórias, que a demanda possessória se apresenta conexa à aquela movida pelo arrendatário, o que implica a reunião dos processos. Aliás, a lealdade processual impõe ao arrendador o dever de denunciar a existência da ação proposta pelo arrendatário. Se assim não o fizer, estará tentando evitar a reunião dos processos e a consideração, pelo Juiz, de circunstâncias atinentes à ação revisional ou declaratória (incluindo-se, aqui, logicamente, ações consignatórias, eventualmente manejadas por arrendatários), com o claro escopo de, com isso, facilitar a concessão de liminares.

E o Juiz, para conceder, ou não, a reintegração possessória, irá sopesar a existência da ação do arrendatário e seus aspectos. Assim, v.g., se há oferta de prestações e respectivos valores; os valores propostos e sua razoabilidade; o próprio adimplemento já efetivado pelo arrendatário".[76]

Sobre o assunto em pauta, verifica-se que as Câmaras recursais de nosso Estado têm equacionado os feitos que lhe são dado a conhecer, partindo das peculiaridades de cada um. Primeiro sopesa a maior ou menor verossimilhança da pretensão deduzida na ação de revisão de contrato. Depois, examina a conduta do seu autor, pois não basta simplesmente questionar cláusulas contratuais deixando em aberto prestações que se vão vencendo no tempo. No mínimo, exige-se-lhe o depósito daquilo que ele próprio entende como devido. Tudo isso se deve ao fato da preservação da seriedade da liminar (tutela antecipada), concedida em prol do arrendatário, pois não se admite o surgimento de verdadeiras indústrias de ações, calcadas em petições padronizadas e que nada falam sobre as particularidades do caso concreto. O juiz apreciará a seriedade da arrendatária nos processos, principalmente quanto aos depósitos por ela efetuados.

Diante do exposto, verificaremos as decisões de nosso Tribunal:

---

[76] Julgados 99, pp. 402-403.

"*Leasing. Ação de reintegração de posse.* Proposta ação revisional do contrato pela arrendatária, onde busca discutir excessos de cobrança, descabe o deferimento liminar de reintegração de posse do veículo, objeto do *leasing*, antes de definitivamente julgada a ação revisional. Ajuizada esta cinco meses antes da ação de reintegração de posse, e não-comprovada a ausência de depósito ou sua insuficiência, a mora, autorizadora da reintegração, fica descaracterizada".[77]

"*Processo cível. Arrendamento mercantil. Ação de revisão do contrato. Ação de reintegração de posse. Liminar. Pagamento antecipado de parte do valor residual garantido. Preço em caso de opção de venda. Resolução nº 980 do Banco Central.*[78] Exigindo o arrendante, durante a vigência do contrato de *leasing*, a par da contraprestação, o pagamento do valor residual garantido, em desacordo com a Resolução 980/84 do Banco Central, não é de ser deferida a reintegração liminar na posse do bem pela suspensão dos pagamentos. Hipótese em que o preço da aquisição do bem corresponde ao valor residual garantido fixado. Recurso provido".[79]

Assim se manifesta a declaração de voto da eminente relatora Dra. Maria Isabel de Azevedo Souza:

"... a reintegração da posse em caráter liminar não é de ser concedida, ainda mais que o contrato da fl. 38 assegura ao agravado a utilização do valor do fundo para se ressarcir das obrigações não-cumpridas no vencimento. Ante o exposto, o voto é pelo provimento do recurso".[80]

"*Arrendamento mercantil.* Procedido o depósito em demanda revisional, descabe a reintegração liminar. Agravo provido".[81]

"*Leasing. Ação possessória. Liminar. Antecedente ação de revisão do contrato. Peculiaridades do caso.* A simples disposição

---

[77] RS. TA. AI 196136337 - 2ª Câm. Cív. Rel. Marco Aurélio dos Santos Caminha, Julgados 100, pp. 267-269.

[78] Alterada pela Resolução nº 2.309, de 28/08/96.

[79] RS. TA.AI 196085393 - 9ª Câm. Cív. Rel. Maria Isabel de Azevedo Souza, *Julgados* 99, pp. 373-376.

[80] Idem.

[81] RS. TA. AI 196034896 - 8ª Câm. Cív. Rel. Maria Berenice Dias. J. 23/04/96. Decisão: unânime.

de atendimento de prestações segundo o que parecia correto à arrendatária, autora da ação revisional do contrato de *leasing*, se não materializada, inclusive em face de conduta dela própria, que nem chamou a atenção do magistrado para o fato de este não se ter pronunciado sobre o tema, não tem o condão de influir no exame da liminar pugnada pela arrendante na ação de reintegração de posse que ajuizou. Oferta, ainda, que não levava em conta juro ou remuneração alguma em prol da arrendante, sequer considerando a própria valorização do bem, cujo preço teve como estanque no tempo. Decisão que deferiu liminar de reintegração de posse confirmada".[82]

"*Leasing*. Discutido em juízo o valor das prestações, tido como abusivo pela arrendatária, que propôs ação de consignação em pagamento para ver-se exonerada de sua obrigação, razoável se oferece a decisão de manter-lhe na posse do bem contratado até o desate da ação reintegratória proposta pela arrendante".[83]

"*Contrato bancário. Leasing. Revisão. Tutela antecipada. Adstrição ao pedido. Suspensão dos vencimentos. Posse. Depósito judicial. Compromisso.* Razoável manter o arrendatário na posse do bem durante o processamento da reintegratória, mediante o compromisso de depositário judicial e prestação de seguro total do veículo.

Inviabilidade da antecipação da tutela em relação à suspensão dos vencimentos das prestações e aspectos não postulados pela parte, devendo ser observado o princípio da adstrição ao pedido".[84]

"*Contrato de leasing. Revisão. Reintegratória de posse.* Admitindo-se em tese a possibilidade da revisão do contrato de *leasing*, não é nem prudente retirar a posse do bem ao arrendatário, desequilibrando as partes antes da decisão final do litígio".[85]

---

[82] RS. TA. Agravo 196048383 - 6ª Câm. Cív. Rel. Marcelo Bandeira Pereira, *Julgados* 99, pp. 299-302.

[83] RS. TA. AI 196147490 - 6ª Câm. Cív. Rel. Marcelo Bandeira Pereira. J. 26/09/96. Dado provimento. Unânime.

[84] RS. TA. Ag. 196124366 - 9ª Câm. Cív. Rel. Breno Moreira Mussi. J. 03/09/96. Dado provimento parcial. Unânime.

[85] RS. TA. AI 196044390 - 4ª Câm. Cív. Rel. Cezar Tasso Gomes. J. 08/08/96. Negado provimento. Unânime.

"*Arrendamento mercantil. Ação de revisão contratual.* Concessão de liminar admitindo o depósito da importância devida em conformidade com a postulação dos devedores e mantendo-os na posse do bem objeto do contrato.

Admissibilidade pela não caracterização da mora enquanto o débito estiver *sub judice* e por não infringido o direito constitucional de ação".[86]

"*Leasing. Ação revisional de contrato e ação reintegratória de posse do bem.* Estando inadimplente o devedor, não é plausível mantê-lo na posse do bem, pelo só motivo do ajuizamento de ação revisional do contrato".[87]

"*Leasing. Ação revisional. Posse do bem.* O tão-só ajuizamento de ação revisional de contrato de arrendamento mercantil não afasta a inadimplência e não é fato suficiente a manter o devedor na posse do bem, se não houve nenhuma garantia ou depósito das prestações entendidas como cabíveis pelo arrendatário. Agravo provido, em parte".[88]

"*Contrato de arrendamento mercantil. Liminar para a posse do bem na pessoa do arrendatário. Depósito dos valores devidos.* Possível é o depósito como medida liminar, na ação ordinária revisional, onde se busca o acertamento da relação jurídica emergente do contrato, com o estabelecer dos respectivos direitos e obrigações. Pendendo ação judicial sobre o valor da dívida mutuada, é plausível a decisão que determina permaneça a posse do bem na pessoa do arrendatário, enquanto não solucionada a lide. Hipótese condicionada ao pagamento das prestações vencidas, garantia do cumprimento da obrigação no caso de improcedência da ação ou de procedência parcial. Agravo improvido".[89]

---

[86] RS. TA. AI 196075287 - 4ª Câm. Cív. Rel. Marcio Oliveira Puggina. J. 27/06/96. Negado provimento. Unânime.

[87] RS. TA. AI 196044358 - 3ª Câm. Cív. Rel. Aldo Ayres Torres. J. 26/06/96. Dado provimento. Unânime.

[88] RS. TA. AI 196064547 - 3ª Câm. Cív. Rel. Aldo Ayres Torres. J. 26/06/96. Dado provimento parcial. Unânime.

[89] RS. TA. AI 196048987 - 3ª Câm. Cív. Rel. Aldo Ayres Torres. J. 26/06/96. Negado provimento. Unânime.

"Arrendamento mercantil. Ação revisional de contrato. Anteci-pação de tutela para manter o arrendatário na posse do bem. Possi-bilidade. Sendo o contrato de arrendamento mercantil objeto de discussão em Juízo, é adequado manter o bem arrendado na posse do arrendatário até a solução final da ação revisional de contrato por ele proposta".[90]

"Arrendamento mercantil. Manutenção da posse do arrenda-tário como depositário judicial. Pendente litígio acerca da existência de débito vencido, cabíveis a manutenção do arrendatário na posse do bem como depositário judicial das prestações vincendas".[91]

"Arrendamento mercantil. Reintegração de posse. Liminar. Preexistência de ação revisional de contrato. Manutenção do arren-datário na posse do bem. Possibilidade. Sendo o contrato de arren-damento mercantil objeto de discussão em juízo, anterior à notificação e à propositura da ação de reintegração de posse, é adequado manter o bem arrendado na posse da arrendatária até a solução final da ação revisional, ainda mais quando se demonstra ser o mesmo necessário ao desempenho de suas atividades".[92]

"Tutela antecipada. Sua concessão em ação ordinária de revi-são contratual. Possibilidade de demonstrado de plano a existência no contrato de arrendamento mercantil de cláusula contendo anato-cismo, contabilização de juros acima de 12% ao ano e correção pela TR. Liminar de manutenção do objeto contrato em poder do consu-midor bem concedida. Se o entendimento que a Câmara adota é no sentido de que a inserção e cobrança de juros acima de 12% ao ano, sua capitalização mensal e correção pela TR são ilegais, a preten-são do devedor de se manter no bem é legítima, pois se o contrato ainda não foi rescindido produz plenos efeitos".[93]

---

[90] RS. TA. Ag. 196065742 - 5ª Câm. Cív. Rel. Regina Bollick. J. 26/06/96. Dado provimento. Unânime.

[91] RS. TA. AI 196061311 - 9ª Câm. Cív. Rel. Antonio Guilherme Tanger Jardim. J. 25/06/96. Negado provimento. Unânime.

[92] RS.TA. Ag. 196038152 - 5ª Câm. Cív. Rel. Regina Bollick. J. 13/06/96. Dado provimento. Unânime.

[93] RS. TA.AI 196029615 - 9ª Câm. Cív. Rel. Wellington Pacheco Barros. J. 18/06/96. Negado provimento. Unânime.

"*Arrendamento mercantil. Ação revisional de contrato. Antecipação de tutela. Liminar. Manutenção do bem na posse do arrendatário. Cabimento.* É possível antecipar a tutela em ação revisional de contrato para manter o bem arrendado na posse do arrendatário enquanto este discute os termos do contrato. *O fumus boni iuris* é a própria possibilidade da revisão contratual. *O periculum in mora* consiste na possibilidade de danos decorrentes do inadimplemento".[94]

"*Contrato de leasing. Ação revisional. Liminar.* Estando controvertidos em juízo direitos e obrigações inerentes ao contrato, encontra plausibilidade jurídica a decisão que determinou, liminarmente, permanecesse o bem na posse do arrendatário mediante o depósito das parcelas entendidas como devidas, sem abstrair o direito assegurado constitucionalmente à arrendadora de buscar o cumprimento das obrigações emergentes do contrato".[95]

"*Mandado de segurança. Leasing. Posse. Liminar. Ação revisional.* O simples ajuizamento de ação revisional, ainda mais se desacompanhado de depósito das prestações que o seu autor julga devidas, não elide, fins de reintegração de posse manejada pela arrendante, a mora. Falta de prova de exercício da opção de compra. Plenamente possível, outrossim, provimento liminar mesmo em se tratando de ação objetivando bem móvel. Ordem denegada".[96]

6.1.3. Da não-inclusão do devedor nos órgãos de proteção ao crédito

Tem-se admitido a liminar determinando o cancelamento ou a não-inclusão do nome do autor da revisional junto ao Serviço de Proteção ao Crédito (SPC), e/ou Serasa (Centralização dos Serviços dos Bancos), até que

---

[94] RS. TA. Ag. 196029136 - 5ª Câm. Cív. Rel. Regina Bollick. J. 20/06/96. Negado provimento. Unânime.

[95] RS. TA. AI 196029565 - 3ª Câm. Cív. Rel. Aldo Ayres Torres. J. 24/04/96. Negado provimento. Unânime.

[96] RS. TA. MS 196001572 - 6ª Câm. Cív. Rel. Marcelo Bandeira Pereira. J. 25/04/96. Denegaram a ordem. Unânime.

decidida, definitivamente, a demanda que discute o débito existente entre as partes.

Não seria justo e coerente manter a arrendatária e seus garantidores com os nomes positivados nos órgãos de proteção ao crédito enquanto não solucionada a lide. Muitas pessoas dependem da certidão negativa para concretizarem seus negócios. Além disso, possuir o nome cadastrado representa a falta de credibilidade do cidadão no mercado. A gravidade é tamanha para um fato que ainda não sabemos se a sua pretensão merece ou não guarida pelo Judiciário.

Estando controvertida, a relação jurídica envolvendo as partes em contrato de arrendamento mercantil, pelo ajuizamento da ação revisional, é plausível a cautela de não registrar o arrendatário como mau pagador, principalmente quando o mesmo demonstra predisposição ao pagamento, postulando os depósitos dos valores que entende cabíveis.

A jurisprudência tem se manifestado acerca do assunto da seguinte forma:

"*Ação cautelar. Cancelamento dos efeitos da negativação perante o SPC. Indeferimento de medida liminar acautelatória.* Inequívoco o direito líquido e certo ao cancelamento dos efeitos da negativação decorrentes da inscrição do nome do impetrante perante o SPC, quando referida inscrição não se constituir em outra coisa que não seja o prejuízo gratuito às outras relações que venha a querer contrair. Inexistência de prejuízo ao credor-exeqüente enquanto não definido o *quantum debeatur* em sentença a ser proferida em embargos do devedor. Mostra-se abusiva a inscrição gratuita perante o SPC, bem como a decisão judicial indeferitória da medida cautelar, porque flagrantes os prejuízos deste ato, de difícil e incerta reparação. Suspensão dos efeitos decorrentes da negativação até o trânsito em julgado da decisão a ser proferida nos embargos de devedor, prejudicado o agravo de instrumento interposto. Ação procedente".[97]

---

[97] RS. TA. Outros Feitos 195137849 - 1ª Câm. Cív. , Rel. Arno Werlang, *in Julgados* 98, pp. 225-229.

"*Contrato de natureza bancária. Ação revisional. Liminar. Depósito das prestações. Registro do devedor em órgãos de proteção ao crédito. Posse do bem arrendado.* Não se pode proibir a pessoa de ajuizar ações na defesa dos direitos que entender cabíveis. A Constituição Federal assegura a todos o direito de acesso ao Judiciário. Pendendo ação judicial sobre direitos e obrigações inerentes a contrato, é plausível a decisão que determina o não-registro do devedor nos órgãos de proteção ao crédito como mau pagador. Como também convém, por ser compatível com o direito, que se mantenha na posse do bem a arrendatária, provisoriamente considerando ainda que do provimento antecipatório não corre o perigo da irreversibilidade. De acordo com a sistemática processual, via judicial adequada para depositar valores e obter a extinção da obrigação é a ação consignatória. Entretanto, em razão de que a instrumentalidade do processo visa, acima de tudo, à realização do Direito Material, não se pode abstrair seja a relação jurídica em conflito jurisdicionalizada via procedimento ordinário, possibilitando o mais amplo contraditório, com o acertamento das questões controvertidas. Daí por que possível o depósito das prestações vencidas e vincendas do contrato de *leasing*. Agravo parcialmente provido".[98]

"*Agravo de Instrumento. Contrato de arrendamento mercantil (leasing).* Ação revisional para expungir juros superiores a 12% a.a., anatocismo, multa, dentre outras irregularidades. Concessão de liminar para impedir registro de inadimplentes (SERASA, SPC, SCI, CADIN), cartório de protestos, e manter a posse do veículo com a agravada, impedindo a agravante de ingressar com ação de reintegração, busca e apreensão, ou execução do contrato. *Decisum escorreto*, merecendo apenas reparo parcial na parte que impede a agravante de ingressar em juízo. Agravo provido parcialmente. Decisão reformada em parte".[99]

Na declaração de voto do eminente Juiz de Alçada Dr. Wellington Pacheco Barros, temos:

---

[98] RS. TA. AI 196044739 - 3ª Câm. Cív. Rel. Aldo Ayres Torres, *Julgados* 99, pp. 232-234.

[99] RS. TA. AI 196077382 - 9ª Câm. Cív. Rel. Wellington Pacheco de Barros. J. 13/08/96.

"Com efeito, encontra-se correta a decisão do magistrado singular ao conceder liminar para impedir os registros desabonadores perante a SERASA e demais órgãos de crédito (SPC, SCI, CADIN), bem como a de protestar títulos relativos ao contrato, bem como manter a posse do veículo enquanto tramita a ação revisional que visa expungir do débito a cobrança de juros superiores a 12% ao ano, anatocismo, e multa, dentre outras irregularidades apontadas pela agravada na revisão".[100]

Decisão unânime, no mesmo sentido, prolatada pela 3ª Câmara Cível, do antigo Tribunal de Alçada do Rio Grande do Sul. Vejamos:

"Ação Revisional de Contrato. Arrendamento Mercantil. (...) Por fim, assiste, por igual, o não ver-se inscrito o demandante no registro de órgão de proteção ao crédito, enquanto não sobrevier a solução do litígio".[101]

Recentemente, o STJ proferiu decisão no sentido de que não se pode incluir o devedor no SPC e no Serasa enquanto se estiver discutindo o valor da dívida em ação judicial.

Assim, verifica-se que a decisão proferida pelo Min. Waldemar Zveiter, relator do processo, integrante da 3ª Turma do STJ, vem pacificar a matéria.[102]

---

[100] Idem.

[101] RS. TA. Agravo de Instrumento 196268627 - 3ª Câm. Cív. Rel. Dr. Manoel Velocino Pereira Dutra. J. 26.03.97. Julgados 104, pp. 238-240.

[102] BRASIL. STJ. Resp 161151. 3ª Turma. Relator: Waldemar Zveiter. J. 29/05/98.

Leasing - Aspectos Controvertidos
do Arrendamento Mercantil

7

As cláusulas abusivas

no arrendamento mercantil e sua incidência no Código de Defesa do Consumidor

Antes de desenvolvermos o presente capítulo, temos que ter em mente que existem opiniões divergentes quanto à aplicação do Código de Defesa do Consumidor nos contratos bancários. Todavia, apesar das opiniões contrárias quanto a sua incidência no arrendamento mercantil, a enumeração exemplificativa das cláusulas abusivas elencadas na Lei nº 8.078/90, despertou a consciência jurídica nacional no aspecto que envolve o equilíbrio contratual. Assim, emerge com maior intensidade as eternas discussões acerca da sua aplicabilidade nos contratos firmados com as instituições financeiras.

Partindo do pressuposto de que os contratos devem obedecer ao princípio da boa-fé e que precisam ser redigidos de modo compreensivo para ambas as partes, adequando-se à realidade social e econômica e, sabendo-se da existência de irregularidades que prejudiquem consideravelmente um ou outro, há que se analisar a situação, tutelando ou não os interesses pleiteados.

Filio-me à corrente que considera cabível a aplicação do Código de Defesa do Consumidor, por analogia, tendo em vista que o cliente não deixa de ser um consumidor em si na relação contratual.

Leasing - Aspectos Controvertidos
do Arrendamento Mercantil

Sendo a cláusula integrante do negócio jurídico como um todo, tanto nos contratos de comum acordo como nos contratos por adesão, a parte também relaciona-se ao todo do contrato, podendo ser afetada e, ao romper o necessário equilíbrio contratual, torna a cláusula abusiva e, por conseqüência, recebe a sanção de invalidade ou nulidade, conforme for o caso concreto.

Conforme dispõe Luciano de Camargo Penteado:

"As cláusulas abusivas estabelecem obrigações iníquas, que colocam o consumidor em desvantagem exagerada, ou ainda são aquelas incompatíveis com a boa-fé e a eqüidade".[103]

Sobre o CDC afirma:

"O CDC é instrumental adequado para contrabalançar os desequilíbrios existentes entre as grandes concentrações empresariais e os consumidores. É nula a cláusula contratual que cria mandato para ser utilizado contra os interesses do mandante, eis que tal circunstância contraria a natureza jurídica do instituto".[104]

Quanto ao CDC, Penteado assim se pronuncia sobre o assunto:

"Não importa a condição econômica do consumidor, em linha de princípio, pois a cláusula geral de boa fé contida no inciso IV do art. 51 do CDC tem pressupostos de aplicação objetivos, não devendo ser levados em conta as peculiaridades características da parte".[105]

E mais adiante declara:

"Importante é que a nulidade da cláusula não afeta de modo algum o todo do contrato, a não ser que, uma vez pronunciada, venha a torná-lo excessivamente oneroso a alguns dos contratantes (CDC, art. 51, § 2º). A jurisprudência é unânime sob este aspecto: da nulidade da cláusula 'não decorre a nulidade de todo o contrato'."[106]

---

[103] PENTEADO, Luciano de Camargo. *As cláusulas abusivas e o direito do consumidor*. RT 725/93.

[104] Idem. Ibidem, p. 96.

[105] Idem.

[106] Idem. Ibidem, p. 99.

Na opinião do autor citado sobre as cláusulas abusivas, temos:

"... as mais conhecidas e mais freqüentes cláusulas abusivas são a cláusula-eleição de foro de difícil acesso ao consumidor e a cláusula mandato para que o fornecedor emita, na hipótese de inadimplemento de contrato de empréstimo bancário, título executivo em nome do mutuário".[107]

Em relação à cláusula-eleição, assim dispõe:

"Comuníssima em formulários das mais diversas empresas fornecedoras de bens e de serviços, a cláusula-eleição de foro que elege o foro competente para julgar quaisquer conflitos de interesses das partes contratantes. A sua abusividade é manifesta nos casos em que dificulte a defesa do consumidor de qualquer forma: quer por ser o foro de comarca distante, quer por motivos outros".[108]

O entendimento sobre o contrato de adesão que prevê a cláusula de foro de eleição nos contratos de *leasing* em local diverso deve prevalecer as regras de competência alusivas ao local do negócio e ao pagamento das prestações, pois existe forte tendência da arrendadora escolher por sua comodidade ou por conveniência o Foro de São Paulo. Quem reside em São Paulo ou no seu interior, nada de abusivo, mas aos que vivem no Sul ou Norte do país, como podemos dificultar o acesso à justiça? Racional a manifestação de nossos tribunais acerca do episódio.

Em relação à cláusula mandato que outorga amplo poder à arrendadora para emitir título cambiário contra o próprio devedor e mandante, tem-se entendido a invalidade nos contratos de arrendamento mercantil. Trata-se, atualmente, de entendimento pacífico do Superior Tribunal de Justiça.

Cabe ao Poder Judiciário definir de forma a prover um correto e racional balanceamento sobre as incum-

---

[107] Idem. Ibidem, p. 94.

[108] Idem. Ibidem, p. 97.

Leasing - Aspectos Controvertidos
do Arrendamento Mercantil

bências devidas nos contratos quando o assim for invocado definindo a questão.

Ao magistrado ofertou-se o poder de reconhecer a cláusula onerosa ao consumidor e desconstituí-la. O CDC possibilitou a permanência da integralidade do negócio ao invalidar a cláusula, pois o interesse do legislador foi o de harmonizar os interesses dos participantes, mantendo vida no negócio.

No entendimento de Nelson Nery Júnior temos:

"O juiz, reconhecendo que houve cláusula estabelecendo prestação desproporcional ao consumidor, ou que houve fatos supervenientes que tornaram as prestações excessivamente onerosas para o consumidor, deverá solicitar das partes a composição no sentido de modificar a cláusula ou rever efetivamente o contrato. Caso não haja acordo, na sentença deverá o magistrado, atendendo aos princípios da boa-fé, da eqüidade e do equilíbrio que devem presidir as relações de consumo, estipular a nova cláusula ou as novas bases do contrato revisto judicialmente".[109]

Assim, havendo nulidade de uma cláusula abusiva, protege-se o contrato, exceto na hipótese de ônus excessivo para uma das partes. Todavia, essa finalidade prática deve ser alcançável sem excessivo encargo.

Representa, com isso, importante capítulo na intervenção do Estado na economia. Percebemos na trajetória jurídica que o CDC não deixa dúvida quanto ao leque de remédios jurídicos que dispõe o titular dos interesses tutelados.

Ratificando com a opinião de Cláudia Lima Marques: "não pode o Judiciário chancelar cláusula abusiva em contratos que, por ser de adesão, fere claramente a paridade de tratamento entre os contratantes. Posição reiterada da jurisprudência, e agora consagrada pela Lei de Defesa do Consumidor".[110]

---

[109] JÚNIOR, Nelson Nery, GRINOVER, Ada Pellegrini *et alii. Código Brasileiro de Defesa do Consumidor: comentado pelos autores do anteprojeto*, 5ª ed. Rio de Janeiro: Forense Universitária, 1998, p. 380.

[110] MARQUES, Cláudia Lima. *Contratos no Código de Defesa do Consumidor.*

Sobre a incidência do Código de Defesa do Consumidor nos contratos bancários, assim se manifesta a professora Cláudia Marques:

"... nestes primeiros anos de aplicação do CDC, duas foram as linhas utilizadas pela jurisprudência para atingir a ampliação do campo de aplicação do CDC: a primeira foi a de considerar o CDC como novo paradigma geral de boa-fé nas relações contratuais e utilizar seus princípios, em especial, a cláusula geral do art. 51, IV (cláusula geral de boa-fé), mesmo a contratos mercantis ou a contratos de polêmica inclusão no sistema do CDC, como, para muitos, são alguns contratos bancários...".[111]

A autora procurou exemplificar com a decisão do Proc. 10.113-288/91 - Esteio/RS, de 23.5.91, no qual examinou:

"... validade das cláusulas do contrato de arrendamento mercantil a luz da regulamentação contida no Código de Defesa do Consumidor face a natureza de contrato de adesão, uma vez que: cabe ao Poder Judiciário, quando inexiste lei que verse especificamente sobre a matéria ou, existindo, não é, por hipótese, aplicável a negócios jurídicos celebrados antes de sua vigência restabelecer o equilíbrio e a igualdade entre as partes, de forma a permitir a conciliação e harmonia entre os fins individuais e sociais...".[112]

Ainda sobre a opinião da ilustre Cláudia Marques quanto à aplicação do CDC nos contratos bancários:

"Só excepcionalmente, por decisão do Judiciário, tendo em vista a vulnerabilidade do contratante e sua situação equiparável *stricto sensu*, serão aplicadas as normas especiais do CDC...".[113]

Há de se reconhecer o desequilíbrio existente entre uma poderosa instituição financeira de um lado e uma pequena ou média empresa comercial de outro, onde as

---

2ªed. São Paulo: RT, 1995, p. 108, *apud* RS. TA. Ap. Cív. 191031798. Rel. Paulo Heerdt. J. 9/5/91, Julgados 78/284-287.

[111] Idem. Ibidem, p. 109.

[112] Idem, *apud* Esteio/RS - Proc. 10.113-288/91. J. 23/05/91.

[113] Idem. Ibidem, p. 142.

Leasing - Aspectos Controvertidos
do Arrendamento Mercantil

cláusulas estão unilateralmente predispostas pelo economicamente mais forte.

Diante do exposto, podemos verificar que, ao consumidor, resta, na defesa da sua posição contratual, a propositura da ação de modificação do contrato fundada no desequilíbrio entre as prestações, já existente ao tempo da celebração. Objetiva-se eliminar a cláusula ou alterar o contrato, mantendo-o, indicindo o CDC como forma extensiva. É a denominada ação ordinária de revisão de contrato.

Demonstra-se então, que o *pacta sunt servanda* cede lugar à viabilidade revisional dos contratos quando se evidenciar o desequilíbrio entre as partes.

Cumpre observar que existem doutrinadores contrários a esse pensamento. Verificamos como forma exemplificativa a opinião de Arnoldo Wald sobre a incidência do CDC nos contratos bancários:

"A nova lei também não se aplica às operações de empréstimos e outras análogas realizadas pelos Bancos, pois o dinheiro e o crédito não constituem produtos adquiridos ou usados pelo destinatário final, sendo, ao contrário, instrumentos ou meios de pagamento, que circulam na sociedade e em relação aos quais não há destinatário final".[114]

No que atine a aplicação do Código de Defesa do Consumidor, aos Bancos, para as operações de crédito, o II Congresso Brasileiro de Direito do Consumidor concluiu:

"O crédito integra o conceito de serviço, nos termos do art. 3º, § 2º, do CDC".[115]

Manifesta-se a jurisprudência da seguinte forma quanto à aplicação do Código de Defesa do Consumidor sobre as cláusulas abusivas aplicadas nos contratos en-

---

[114] WALD, Arnoldo. *O Direito do consumidor e suas repercussões em relação às instituições financeiras*. RT 666, p. 16.

[115] Julgados 93, p. 342, *apud* Boletim Ajuris n. 37.

volvendo instituições financeiras e, em especial, ao nosso tema relacionado ao *leasing*:

"Ação revisional de contrato de arrendamento mercantil. Revisão contratual. É possível a revisão de contrato de arrendamento mercantil, por não prevalecer o princípio *pacta sunt servanda*. (...) O Código de Defesa do Consumidor é aplicável às instituições financeiras, de acordo com os princípios nele contidos".[116]

Manifesta-se o relator no decorrer do acórdão:

" ... É necessário interpretar os contratos de arrendamento mercantil de forma objetiva, visando ao equilíbrio das partes, fazendo uso das normas orientadoras do Código de Defesa do Consumidor...".[117]

E mais:

"... Então, um contrato de *leasing*, pode ser revisto quando as cláusulas estão estabelecidas de forma unilateral, e em que a autonomia de vontade da parte financiada, simples aderente ao contrato, se coloca numa situação de desvantagem, dentro das condições gerais de um contrato que se pode chamar padrão. (...) Não se podem admitir cláusulas que estejam marcadas pela unilateralidade e que tenham sido inseridas com abusividade, porque fere a consciência jurídica e o Direito não agasalha tal pretensão".[118]

"*Código de Defesa do Consumidor. Proteção contratual. Destinatário. Cláusulas abusivas. Alteração unilateral da remuneração de capital posto à disposição de creditado. Imposição de representante. Conhecimento de ofício.* O Código de Defesa do Consumidor rege as operações bancárias, inclusive as de mútuo ou de abertura de crédito, pois relações de consumo. O produto da empresa de Banco é o dinheiro ou o crédito, bem juridicamente consumível, sendo, portanto, fornecedora; e consumidor o mutuário ou creditado. Sendo os juros o 'preço' pago pelo consumidor, nula cláusula que preveja alteração unilateral do percentual prévia e expressamente ajustado pelos figurantes do negócio. É nula a cláu-

---

[116] RS. TA. Ap. Cív. 196198170 - 5ª Câm. Cív. Rel. Silvestre Jasson Ayres Torres. J. 15/05/97. Julgados 103, pp. 256-270.

[117] Idem.

[118] Idem.

Leasing - Aspectos Controvertidos
do Arrendamento Mercantil

sula que impõe representante 'para emitir ou avalizar notas promissórias' (art. 51, VIII, do CDC). Objetivando a desconstituição de cláusulas, em homenagem ao princípio da congruência, deve a sentença ater-se ao pedido. Sentença parcialmente reformada".[119]

"Código de Defesa do Consumidor. Bancos. Cláusula penal. Limitação em 10%[120]. 1 - Os Bancos, como prestadores de serviços especialmente contemplados no art. 3°, § 2°, estão submetidos às disposições do Código de Defesa do Consumidor. A circunstância de o usuário dispor do bem recebido através da operação bancária, transferindo-o a terceiros, em pagamento de outros bens ou serviços, não o descaracteriza como consumidor final dos serviços prestados pelo Banco".[121]

E no corpo do acórdão assim se manifestou o Min. Ruy Rosado de Aguiar acerca da aplicabilidade do CDC sobre as instituições financeiras:

"O recorrente, como instituição bancária, está submetido às disposições do Código de Defesa do Consumidor, não porque ele seja fornecedor de um produto, mas porque presta um serviço consumido pelo cliente, que é o consumidor final desses serviços, e seus direitos devem ser igualmente protegidos como o de qualquer outro, especialmente porque nas relações bancárias há difusa utilização de contratos de massa e onde, com mais evidência, surge a desigualdade de forças e a vulnerabilidade do usuário".[122]

"Ação revisional. Teoria da imprevisão. O Código de Defesa do Consumidor e sua aplicação mesmo a operações bancárias. Cláusulas abusivas. Não procede a invocação da teoria da imprevisão, se o desequilíbrio apontado não diz respeito à prestação e à contraprestação em si, mas à circunstância decorrente de só agravamento da situação financeira do mutuário, e um negócio jurídico não-atrelado à equivalência salarial. Submetem-se, sim, as opera-

---

[119] RS. TA. Ap. Cív. 193051216 - 7ª Câm. Cív. Rel. Antonio Janyr Dall'Agnol Junior, *Julgados* 93, pp. 197-202.

[120] Hoje, limitado em 2%, conforme Lei nº 9.298, de $1^\circ/08/96$, que alterou a redação do art. 52, § 1°, da Lei nº 8.078/90.

[121] STJ. RE n. 57.974-0. 4ª Turma. Rel. Ruy Rosado de Aguiar. Julgados n. 97, pp. 403-405.

[122] Idem. Ibidem.

ções bancárias ao Código de Defesa do Consumidor, senão pelo disposto no art. 3º, § 2º, seguramente pelo previsto no art. 29, verdadeiro canal de oxigenação do Direito comum positivado. Para que isso se dê, basta a demonstração de sujeição do mutuário frente ao mutante, facilitada, no caso, pela utilização do contrato de adesão. Inválida é toda e qualquer cláusula que atente contra o sistema instituído pela Lei 8.078, de 1990, pouco revelando a natureza do contrato. Sentença reformada em parte".[123]

"Defesa do Consumidor. Relação bancária. Ônus da prova".[124]

No corpo do acórdão, assim se manifestou a decisão:

"A Lei nº 8.078/90, no § 2º do art. 3º é expressa ao incluir o serviço de natureza bancária, financeira, de crédito e securitária como uma das atividades fornecidas no mercado de consumo. Esta Corte, em repetidas vezes, tem decidido que a relação jurídica entre a entidade bancária e os clientes é uma relação de consumo. Logo, os litígios entre bancos e clientes devem ser resolvidos sob a égide do Código de Defesa do Consumidor. O Código de Defesa do Consumidor rege as operações bancárias, pois relações de consumo".[125]

"Agravo de instrumento. Contrato de arrendamento mercantil. Arrendamento de bem que era, antes, de propriedade do arrendatário. Pagamento antecipado do valor residual a pôr em dúvida a natureza do negócio jurídico. Limite de juros. Agravo improvido. Voto vencido".[126]

No corpo do acórdão, extraímos a declaração de voto do Dr. Osvaldo Poeta Roenick, que versa sob o seguinte ponto de vista:

"... E, tratando-se de contrato de adesão tem aplicação a regra do art. 51, inc. IV e parágrafo primeiro, inc. II, do CDC...".[127]

---

[123] RS. TA. Ap. Cív. 195175963 - 7ª Câm. Cív. Rel. Antonio Janyr Dall'Agnol Junior. J. 13/12/95. *Julgados* 97, pp. 385-386.

[124] RS. TA. Ap. Cív. 195191077 - 5ª Câm.Cív. Rel. Rui Portanova. *Julgados* 98, pp. 319-320.

[125] Idem. Ibidem.

[126] RS. TA. Ag. 195186333. 6ª Câm. Cív. Rel. Dr. Henrique Osvaldo Poeta Roenick. *Julgados* 98, pp. 326-329.

[127] Idem. Ibidem.

Versa a jurisprudência acerca da cláusula mandato:

"*Duplicatas. Sustação de protesto. Desfeito unilateralmente, por desconformidade com os reajustes do aluguel, contrato de leasing. Nulidade de títulos.* É nula a cláusula que confere poder ao credor de reajustar livremente o valor do aluguel, em percentual e datas que lhe aprouver, com comunicação ao devedor mediante mensagem na própria fatura, eis violar os artigos 115 e 1125 do CCB, art. 9º, alínea *c*, da Resolução n. 980, de 13.12.84 do BACEN.[128] Notificada a arrendante da rescisão do contrato pelo arrendatário, que se tem por justificada em face da potestividade da cláusula de reajuste do preço, desde então aluguel não era devido, restando nulos os títulos emitidos para cobrança de aluguéis, impondo a sustação do protesto dos mesmos. Sentença mantida por seus fundamentos.

Por derradeiro, a conduta da requerida viola o preceito do art. 6º, inciso V, do Código de Proteção e Defesa do Consumidor que estabelece o direito do consumidor em obter a modificação das cláusulas contratuais que importam em prestações desproporcionais ou sua revisão em razão de fatos supervenientes que as tornam excessivamente onerosas.

Desta forma, em face dos reajustamentos impostos unilateralmente pela requerida, lastreados em cláusula contratual nula de pleno direito, por atribuir a apenas uma das partes o arbítrio para fixação do preço, cabia a rescisão contratual formalizada pelo autor, através do Ofício do Registro Especial".[129]

"*Leasing. Letras de câmbio. Protesto.* Ação declaratória de nulidade de letras de câmbio sacadas em correlação com contrato de arrendamento mercantil. É legal a emissão de letras de câmbio pela credora se há cláusula contratual permissiva. Incensurável também o seu procedimento se, ao invés de utilizar a cláusula-mandato para prover o aceite, encaminha o título ao cartório para protesto por falta de aceite e pagamento. Apelação provida".[130]

---

[128] Resolução nº 980, de 13/12/84, do BACEN, alterada pela Resolução nº 2.309, de 28/08/96.

[129] RS.TA. Ap. Cív. 192206811. 1ª Câm. Cív. Rel. Juracy Vilela de Souza. J. 02/03/93.

[130] RS. TA. Ap. Cív. 196090674 - 2ª Câm. Cív. Rel. Roberto Laux. J. 27/06/96.

"Arrendamento mercantil. Ações consignatória, cautelar de sustação de protesto de títulos e declaratória. Ao juiz, nos termos do art. 130 do CPC, cabe determinar as provas necessárias à instrução do processo, indeferindo as diligências inúteis ou meramente protelatórias. Cerceamento de defesa desacolhido. Não é de ser anulada a sentença por falta de fundamento, se preenche, de modo satisfatório, as exigências do art. 458, II do CPC e do art. 93, IX, da vigente Constituição Federal. A essência da operação de *leasing* é um financiamento para obtenção de um bem do ativo fixo, aproximando-se do mútuo, contrato com o qual tem estreita afinidade, aplicando-se, por conseguinte, muitas das regras deste. Assim, não pode o valor total do arrendamento, superar a soma correspondente ao valor do bem, mais um percentual equivalente à metade do número de meses em que durar o arrendamento, como remuneração da arrendante, além da correção monetária, se o período for inflacionário. Voto vencido. A reconvenção, conquanto cabível em ação declaratória, não é de prosperar se, além de confusa e deficiente a respectiva inicial, é firmada por advogado sem procuração nos respectivos autos, o que a torna inexistente, a teor do art. 37, parágrafo único, do CPC. Quanto mais que seu acolhimento, nas circunstâncias, impediria a cabível purgação da mora pela arrendatária. Apelação provida por maioria e recurso adesivo desprovido por unanimidade".[131]

Vale acrescentar aqui, as conclusões do Centro de Estudos do antigo Tribunal de Alçada do Rio Grande do Sul, a fim de reforçar o estudo em pauta.

"Nas ações revisionais ou declaratórias referentes a contratos de arrendamento mercantil, descabe conceder-se liminar que, prévia e genericamente, impeça credor de levar títulos a protesto ou de sacar os autorizados pelo contrato. A vedação, antecipada e de caráter genérico, obstativa de que o credor leve a protesto títulos de crédito em seu poder, ou que saque aqueles a tanto autorizado, cerceia exercício de regular direito. O abuso há de ser apreciado

---

[131] RS. TA. Ap. Cív. 196033674. 3ª Câm. Cív. Rel. Leo Lima. J. 26/06/96. Decisão: Rejeitaram a matéria preliminar e negaram provimento ao recurso adesivo, por unanimidade e, deram provimento ao apelo principal por maioria.

Leasing - Aspectos Controvertidos
do Arrendamento Mercantil

diante da concreta apresentação de título a protesto ou presentes elementos fáticos autorizativos de justo receio de saque abusivo, através da ação própria, ou mediante simples medida incidental (dentro do próprio procedimento da demanda revisional ou declaratória), buscando a sustação do protesto ou o cerceamento do saque abusivo".[132]

"*Leasing* financeiro e *leasing* operacional. Contrato de prestação de serviços. Duplicata".[133]

Durante o desenrolar da decisão temos:

"É consabido que a duplicata, enquanto título de crédito, é causal em relação à emissão. Ou seja, supõe base negocial, contratual (compra e venda mercantil ou prestação de serviços), somente podendo ser emitida em conformidade com os preceitos dos arts. 2º e 20 da Lei nº 5.474, de 18-07-68. Ensina Rubens Requião que a duplicata é um título de crédito formal, circulante por meio de endosso, constituindo um saque fundado sobre crédito proveniente de contrato de compra e venda mercantil ou de prestação de serviços, assimilado aos títulos cambiários por força de lei (*in Curso de Direito Comercial*, 20ª ed., 1995, 2/442).

Assim sendo, presente a base negocial para a emissão da cártula (compra e venda mercantil ou prestação de serviços), pode abstrair-se, inclusive circulando via endosso, antes ou após o aceite.

Não obstante, não havendo causa que justifique a emissão do título, a mesma será tida como ilegal. Por consectário lógico, não sendo legal ou lícita, nula a duplicata, eis que sua emissão é ato ou negócio jurídico nulo.

Desta forma, em que pese a emissão de duplicatas se apresente como ato ou negócio jurídico unilateral, pressupõe, no entanto, negócio jurídico ligado à compra e venda ou prestação de serviços.

---

[132] *Julgados* 99, p. 401.

[133] RS. TA. Ap. Cív. 195077649. 1ª Câm. Cív. Rel. Arno Werlang. *Julgados* 97, pp. 202-205.

Nesse passo, não poderia o arrendamento mercantil (*leasing*) ensejar a representação por meio de título pretendido. Por isso, impossível, inclusive, a pretensão ao protesto.

De outro lado, ainda, para que a duplicata tenha existência válida deve estar associada a documento que comprova a efetiva entrega das mercadorias ou a prestação dos serviços, bem como o vínculo contratual que a autorizou.

Trata-se de matéria sobre a qual não existe divergência doutrinária e nem jurisprudencial, pois, por unanimidade, se afirma que a duplicata de prestação de serviços só pode ser emitida quando as partes ajustaram previamente os serviços e o preço, não podendo ser levada a protesto nem justificar a via executória, se não-acompanhada de documento que comprove a prestação dos serviços".[134]

Vem corroborar com a decisão o seguinte dispositivo:

"É nula a duplicata emitida sem que lhe corresponda uma efetiva operação de compra e venda ou de prestação de serviço. Sendo nula a duplicata, não pode ela ser protestada e nem surtir qualquer efeito contra o sacado".[135]

Ao falarmos sobre a cláusula mandato não podemos deixar de traçar algumas pinceladas a respeito do preenchimento do contrato por parte da arrendadora. É corriqueira a assinatura anterior ao preenchimento da cambial, ou seja, da nota promissória. Isso tem gerado discussões posteriores, tendo em vista que o valor ajustado na contratação ser diferente ao valor preenchido pela arrendadora, já que apresenta o valor do financiamento mais um percentual de garantia que oscila conforme o prazo pactuado.

Doutrina e jurisprudência já se manifestaram acerca do assunto e tem se admitido nulidade da cláusula que prevê a emissão de cambial em branco. Se a cambial emitida em branco confere mandato ao credor para o

---

[134] Idem.

[135] RS. TA. Ap. Cív. 190033316 - 2ª Câm. Cív. J. 28/06/90. *Julgados 77*, p. 190.

Leasing - Aspectos Controvertidos
do Arrendamento Mercantil

preenchimento, tal prática se constitui em abuso para o consumidor nos exatos termos do art. 51, inc. VIII, do CDC.

Entende-se que há proibição expressa do CDC - art. 51, VIII - para completar o preenchimento de nota promissória, que é típico negócio jurídico cambiário. Distingue-se dos demais pelo formalismo, necessário para garantir a segurança, e a simplicidade da circulação dos títulos de crédito, sem, contudo, retirar das partes a competência para estabelecer o conteúdo da obrigação. Há espaço, assim, para o exercício da autonomia da vontade.

Tem se alegado que a cambial em branco se constitui em mandato ao portador para o seu preenchimento. Ora, é exatamente isso o que pretende vedar o art. 51, inc. VIII, do CDC. O que o Código não quer é que o consumidor, seja a que título for, confira poderes para outrem concluir outro negócio jurídico.

Assim, podemos dizer que o contrato de *leasing* é um negócio jurídico. A cambial em branco é outro negócio jurídico, ou seja, uma relação jurídica de Direito Cambiário. É esta segunda relação jurídica que se completa por ação do próprio credor que se constitui, na prática, abusiva, vedada pelo Código.

"*Arrendamento mercantil. Contraprestação. Redução do contrato de leasing a simples contrato de mútuo. Contrato multifacetário. No leasing há preço ou valor da locação, não juros. Preliminar: inacolhimento.* Medida cautelar: A cláusula mandato é inadmitida, se mostrando, no caso, abusiva na medida em que a emissão da Nota Promissória nada acresce ao direito da credora, servindo o seu aponte apenas como forma de pressionar para obter o pagamento, por ter o protesto extrapolado de suas originais finalidades, capaz de causar nefastos prejuízos na atividade comercial e financeira. Procedência mantida. Provimento parcial da apelação.

Trata-se de cláusula abusiva na medida em que, a tirada do protesto, nada acresce aos direitos da credora. Na realidade ele apenas serve como forma de obter pagamento, e dos mais eficazes, face aos extrapolados efeitos que hoje o protesto é capaz de produzir nos meios comerciais e financeiros. Serve, o aponte para protesto, apenas como meio de pressionar o devedor ao pagamento".[136]

"*Arrendamento mercantil. Revisão de contrato. Onerosidade exagerada em face de cláusula leonina. Inaplicabilidade do Código de Defesa do Consumidor.* Por lhe ser anterior, não se aplica ao contrato a Lei 8078/90, que só entrou em vigor após a sua celebração, em virtude do princípio da irretroatividade das leis.

Resolvido o contrato pelo inadimplemento, a exigência das prestações posteriores à retomada do bem é inadmissível, por se tratar de cláusula leonina e injurídica. Precedentes jurisprudenciais. Apelação parcialmente provida".[137]

"*Código de Defesa do Consumidor. Contrato bancário. Incidência de suas normas. Interpretação dos arts. 2º e 3º, § 1º do CDC.* Ementa da redação: incidem as normas do CDC em relação aos contratos bancários, pois, se o produto é todo bem jurídico, não há negar-se que o crédito é um bem jurídico que é fornecido pelo banco(fornecedor) ao tomador do crédito (consumidor), como destinatário final (do crédito), diante da interpretação dos arts. 2º e 3º, § 1º, do próprio Código".[138]

---

[136] RS. TA. Ap. Cív. 194078226 - 6ª Câm. Cível. Rel. Moacir Adiers. J. 25/05/95.

[137] RS. TA. Ap. Cív. 194177754 - 1ª Câm. Cível. Rel. Juraci Vilela de Sousa. J. 18/10/94.

[138] RT 734, p. 488.

Leasing - Aspectos Controvertidos
do Arrendamento Mercantil

8

$\mathcal{D}$a limitação dos juros

Atualmente, tem-se discutido muito sobre os encargos cobrados pelos Bancos em percentuais muito acima das atuais taxas de inflação. Isto reflete também no contrato em estudo, pois o arrendamento mercantil está sujeito às normas legais e regulamentadoras aplicáveis ao SFN. Analisaremos doutrina e jurisprudência nas quais estão muito divergentes quanto ao posicionamento relativo à auto-aplicabilidade do art. 192, § 3º, da CF.

Conforme Pedro Luiz Pozza,

"... existem argumentos de natureza econômica para defender-se a auto-aplicabilidade da limitação constitucional dos juros em 12% ao ano e a vigência da Lei de Usura, também para as instituições financeiras. As taxas de juros elevadas, que são praticadas pelo sistema financeiro pátrio, são, nada mais, nada menos, uma forma - institucionalizada, infelizmente -, de transferir-se renda de muitos para as mãos de uns poucos, aumentando ainda mais a fortuna de que esses dispõem, às custas da miséria do grande contingente populacional brasileiro".[139]

É notório que nas operações do mercado financeiro não se tem observado o limite constitucional dos juros reais de 12% ao ano, praticando-se taxas acima do limite, deduzindo o índice inflacionário.

---

[139] POZZA, Pedro Luiz. A limitação das taxas de juros, a nível constitucional e legal, no crédito bancário, *Ajuris* 62, p. 300.

Leasing - Aspectos Controvertidos
do Arrendamento Mercantil

Complementando com a respeitosa opinião do Juiz Pedro Luiz Pozza,

"... ainda que não se entendesse auto-aplicável o dispositivo constitucional limitador das taxas de juros, é de se observar existir norma ordinária - Decreto nº 22.626/33, art. 1º - a proibir a cobrança de juros superiores ao dobro da taxa legal, ou seja, acima de 12% ao ano. Certo, existe a Súmula 596 do STF, que dispõe não se aplicar às instituições financeiras citada limitação, estando eles livres para cobrar quaisquer taxas, desde que autorizadas pelo Conselho Monetário Nacional. Entretanto, tal enunciado - nº 596, do STF -, baseia-se em interpretação equivocada, da citada lei do mercado de capitais, na medida em que o dispositivo que estaria a autorizar a cobrança de juros acima de 12% ao ano - Lei nº 4.595/64, art. 4º, inc. IX -, em verdade, usa o verbo limitar, não aumentar".[140]

Hely Lopes Meirelles resumiu:

"... o art. 192 da CF sendo uma norma de eficácia limitada pois ali se fixam princípios e esquemas sobre a futura legislação que irá disciplinar a operatividade do novo SFN. Enquanto a futura lei não for elaborada e entrar em vigor, permanecem, as atuais que, direta ou indiretamente não se contraponham ao esboço traçado pelo legislador constituinte".[141]

Existem decisões que embora rejeitem a auto-aplicabilidade do art. 192, § 3º, da CF, ressalvam a convicção pessoal, mas se curvam diante da posição do STF em harmonia do parecer ministerial.

A limitação constitucional dos juros é auto-aplicável conforme o entendimento da maior parte da jurisprudência de nosso Tribunal. Apóiam-se nesse entendimento afirmando de que embora o § 3º do art. 192 da CF não tenha sofrido regulamentação, o fato é que contém todos os elementos necessários à sua pronta vigência.

---

[140] Idem. Ibidem, p. 299.

[141] WALD, Arnoldo. *Da interpretação da Lei 7492/86 e das suas eventuais consequências em relação às operações das empresas de arrendamento mercantil.* RT 713, pp. 54-79.

A Constituição Federal veio confirmar uma tradição do Direito Brasileiro de limitação dos juros, é por isso, a razão de entender a norma constitucional do art. 192, § 3º, de imediata aplicação. O Desembargador Jorge Alcibíades Perrone de Oliveira, quando integrante da 5ª Câmara Cível, firmou posicionamento no sentido de buscar a limitação de juros dentro da própria norma do art. 2º, do Decreto 22.626/33:

"Juros. Limite de 12% a.a. Os juros estão limitados a 12% a.a., porquanto a Constituição Federal não recepcionou a norma que, segundo a Súmula 596, delegava ao Banco Central, como órgãos do CMN regular as taxas de juros. Revogada a Lei 4.595/64, nessa parte, continua em vigor a Lei de Usura".[142]

Trata-se de raciocínio lógico e coerente. Diante disso, sabendo-se do posicionamento do STF, verificamos que assim decidindo e, havendo recurso, será enviado para o STJ, tendo em vista, o Decreto 22.626/33 disciplinar matéria infraconstitucional. Assim, resta mais uma alternativa para continuar fundamentando a questão em instância superior.

Um dos fatores ensejadores da discussão é o fato da falta de regulamentação do artigo citado. O inadimplemento do Congresso Nacional inibe a aplicação da norma. Além disso, a Lei 4.595/64 dispôs no art. 4º, IX, a competência do Conselho Monetário Nacional para a limitação das taxas de juros e demais encargos. Dessa forma, existe a corrente que entende ser a Lei de Usura, Decreto 22.626/33, inaplicável e consolidando-se com a Súmula 596 do STF que dispõe:

"... as disposições do Decreto 22.626/33 não se aplicam às taxas de juros e aos outros encargos cobrados nas operações realizadas por instituições públicas ou privadas que integram o sistema financeiro nacional."

Assim se pronuncia José Afonso da Silva:

---

[142] RS. TA.EI 195038179 - 3ª Câm. Cív. *Julgados* 99, p. 166.

"... se trata de norma autônoma, não subordinada à lei prevista no *caput* do artigo. Se o texto, em causa, fosse um inciso do artigo, embora com normatividade formal autônoma, ficaria na dependência do que viesse a estabelecer a lei complementar. Mas, tendo sido organizado num parágrafo, com normatividade autônoma, sem referir-se a qualquer previsão legal ulterior, detém eficácia plena e aplicabilidade imediata. O dispositivo, aliás, tem autonomia de artigo. As cláusulas contratuais que estipularem juros superiores são nulas. A cobrança acima dos limites estabelecidos, diz o texto, será conceituada como crime de usura, punido, em todas as suas modalidades, nos termos que a lei dispuser. Neste particular, parece-nos que a velha Lei de Usura (Dec. 22.626/33) ainda está em vigor".[143]

Existe a argumentação de que sendo o *leasing* um contrato no qual fixa aluguel, o lessor busca o lucro acrescido dos custos da operação. Em razão disso, torna-se impróprio falar em juros extorsivos. Dessa forma, entende-se que as partes são livres na contratação da compra do bem e por conseqüência da sua respectiva locação.

Diante do julgamento da ADIn 4-7/600 do STF, foi afastada a auto-aplicabilidade do art. 192, § 3º, da CF, por maioria de votos. Todavia, há o entendimento de que os juros permanecem limitados aos do contrato, nunca, porém, superiores a 12% ao ano, mais a correção monetária, haja vista a legislação infraconstitucional, ou seja, o Decreto-Lei 22.626/33, art. 1º, c/c o art. 1.062 do CCB, que não foram revogados pela Lei 4.595/64.

Penso que a questão não está resolvida em face do julgamento da ADIn 4-7 pelo STF, uma vez que houve quatro votos vencidos nos quais tiveram poder de convencimento.

Relativamente à limitação constitucional dos juros, tem-se adotado o firme entendimento de ser auto-aplicável, ou de eficácia imediata, o § 3º do art. 192 da vigente

---

[143] SILVA, José Afonso da. *Curso de Direito Constitucional Positivo*. 11ª ed. São Paulo: Malheiros, p. 758.

CF, em que pese a existência de respeitável corrente jurisprudencial oposta, a partir do julgamento da ADIn 4-7/DF, pelo colendo Supremo Tribunal Federal. *Data venia*, trata-se de norma de eficácia plena, pois contém todos os requisitos para a sua incidência direta, não pendentes de definição posterior, cuja eventual regulamentação, por isso mesmo, não poderá ultrapassar seus precisos limites.

A taxa de juros vem inserida nas cláusulas de duas formas: ou mediante pura estipulação, ao lado de outros encargos, como correção monetária, comissão de permanência e multa por mora; ou cumulada e embutida na correção monetária ou comissão de permanência prefixada, em padrões que ultrapassam os índices oficiais impostos pelo governo. Tanto numa como noutra hipótese, não há de se consagrar privilégios em favor de uma determinada classe de entidades ou pessoas, mesmo porque, por princípio constitucional, todos são iguais perante a lei.

Conforme o entendimento do ilustre Juiz Pedro Luiz Pozza:

"... afirmo que o ordenamento jurídico pátrio proíbe a cobrança também em contratos bancários - encargos financeiros acima da desvalorização da moeda - superiores à taxa de 12% ao ano, aí incluídas todas as comissões, taxas, tributos, etc., devidas em função da concessão do crédito, exceto o Imposto sobre Operações Financeiras".[144]

Frente à imutabilidade da decisão tomada pelo mais alto Órgão Judiciário do país passaram algumas Câmaras de forma unânime a decidir pela não-auto-aplicabilidade do art. 192, § 3º, da CF, até porque de nada adiantará posição isolada, que fatalmente será modificada nos Tribunais Superiores, pois o Egrégio Superior Tribunal de Justiça também vem sufragando o mesmo entendimento do Pretório Excelso.

---

[144] POZZA, Pedro Luiz. Ob. cit., p. 301.

Destarte, os juros serão os pactuados por ocasião do negócio avençado pelas partes e, não havendo prova de ter sido a arrendatária induzida em erro, há de ser afastada a limitação de juros.

Apesar de o artigo citado não estar regulamentado, a tese argüida pelos Bancos é apegar-se aos famosos juros livres e na decisão do STF relativo à ADIn nº 4. Todavia, isso não pode significar que o credor possa, aproveitando-se da difícil situação da economia nacional, impor ao devedor juros abusivos.

Existem decisões que admitem a eficácia e a aplicabilidade do art. 192, § 3º, da CF nos contratos firmados na vigência da Constituição Federal de 1988, tutelando que os juros limitam-se à taxa de 12% ao ano, que não podem ser embutidos no capital e que são acrescidos da correção monetária, segundo o indexador escolhido pelas partes.

Diante de tantas nuances, podemos dizer que cabe ao Estado intervir nas relações contratuais celebradas pelos cidadãos em geral, mantendo a ordem jurídica e coibindo os abusos.

Vejamos algumas decisões a fim de corroborar com os parágrafos acima, ou seja, na divergência jurisprudencial.

"Juros. Limite constitucional. Art. 192, § 3º, da CF. Norma de eficácia limitada. Necessidade da edição de lei complementar.

Ementa oficial: A regra inscrita no art. 192, § 3º, da Carta Política - norma constitucional de eficácia limitada - constitui preceito de integração que reclama, em caráter necessário, para efeito de sua plena incidência, a mediação legislativa concretizadora do comando nela positivado.

Ausente a lei complementar reclamada pela Constituição, não se revela possível a aplicação imediata da taxa de juros reais de 12% a.a. prevista no art. 192, § 3º, do texto constitucional".[145]

---

[145] BRASIL. STF. RE 198.192.0 RS-1ª T. Rel. Min. Celso de Mello J. 27/02/96, RT 729, p. 131.

Assim se manifestou o eminente Magistrado Marcelo Bandeira:

"Tenho posição firmada no sentido de auto-aplicável a norma do art. 192, § 3º, da CF/88 e de que tal limite não se restringe aos contratos de mútuo, mas aplica-se a todas as operações de crédito bancário. Neste sentido, acórdão, por maioria, da 1ª Câmara Cível deste Tribunal, no julgamento da Apelação Cível nº 191024199, Relator o hoje Des. Osvaldo Stefanello: Juros bancários. Limitação. Relações bancárias. Abrangência da norma constitucional inserta no § 3º do art. 192 da Carta Maior. O limite constitucional dos juros (art. 192, § 3º, da Carta Maior) alcança todas as transações de crédito bancário. Norma que não se restringe às relações envolvendo contratos de mútuo ou financiamento. Voto vencido: o limite do percentual de juros restringe-se aos contratos de mútuo ou financiamento. Vigência da norma. Por conter, o próprio texto constitucional todos os comandos necessários para sua imediata aplicação, inclusive conceituando o que considera juros reais, a norma ínsita no § 3º do art. 192 da Carta Maior é auto-aplicável e de vigência imediata".[146]

"*Mandado de injunção. Juros. limite constitucional. Art. 192, § 3º, da CF. Dispositivo que não é auto-aplicável. Falta de regulamentação. Mora legislativa caracterizada. Comunicação determinada ao Congresso Nacional a fim de que adote as providências necessárias ao suprimento da omissão. Votos vencidos.*

Ementa oficial: o STF, no julgamento da ADIN 4, decidiu que o § 3º do art. 192 da CF não é auto-aplicável".[147]

"Juros. Limite constitucional - art. 192, § 3º, da CF - norma auto-aplicável - incidência nas transações de crédito bancário.

Ementa da redação: o limite constitucional dos juros, sendo auto-aplicável a norma do art. 192, § 3º, da CF, alcança todas as transações de realização de crédito bancário. Norma que não se

---

[146] RS. TA.Ag. 195186333. 6ª Câm. Cív. Rel. Marcelo Bandeira Pereira J. 15/02/96, *Julgados* 98, pp. 328-329.

[147] BRASIL. STF.MI 362-0-RJ. T. PLENO - Rel. Min. Francisco Rezek. J. 01/08/96, RT 732, p. 139.

Leasing - Aspectos Controvertidos
do Arrendamento Mercantil

restringe às relações envolvendo contratos de mútuo ou financiamento".[148]

"*Leasing. Juros*. Contrato em que as prestações do arrendamento, em 24 meses, somam duzentos e cinqüenta por cento do valor do bem, paga de acordo com a evolução do BTN. Já tendo sido pago o valor do bem, com juros de 12% ao ano, é de considerar-se cumprido o contrato, mesmo que não pagas todas as prestações. Sentença confirmada.

Esta Câmara tem inúmeros julgados nesse sentido, alguns proferidos em recursos do interesse do apelante, que tem pleno conhecimento da posição, que atualmente é unânime no Segundo Grupo Cível, pelo que é dispensável fundamentação mais substancial. Basta que se mencione o acórdão nº 193177557, onde o relator tratou da questão juros com a largueza que lhe é permitida".[149]

"*Arrendamento mercantil*. Ação revisional de contrato conexa a ação de reintegração de posse. O art. 192, § 3º, da Constituição Federal não é auto-aplicável consoante ADIn 4/DF. Validade dos juros contratados, improvada a ocorrência de erro da apelante. Revisional de contrato improcedente. Impontualidade da arrendatária comprovada. Apelo improvido".[150]

Esta Câmara, no tocante ao percentual dos juros, vinha, majoritariamente, posicionando-se pela eficácia imediata das disposições do art. 192, § 3º, da Constituição Federal.

No entanto, frente ao julgamento da ADIn nº 4/DF, de 07.03.91, com trânsito em julgado em 12.08.93, temos, agora, posicionamento definitivo do intérprete maior da Constituição Federal, a dizer que o referido dispositivo constitucional depende de regulamentação, não sendo, portanto, auto-aplicável.

---

[148] RS. TA. Ap. Cív. 196099337 - 4ª Câm. Cív. Rel. Henrique Osvaldo Poeta Roenick. J. 22.08.96.

[149] RS. TA. Ap. Cív. 195110382 - 3ª Câm. Cível. J. 27.09.95.

[150] RS. TA. Ap. Cív. 195064662 - 8ª Câm. Cív. Rel. Alcindo Gomes Bittencourt. J. 22.08.95.

"Leasing. Reajuste das prestações e do resíduo. Limite constitucional da taxa de juros. Estabelecendo cláusula contratual a atualização do valor monetário das prestações do arrendamento e do resíduo, pelo custo da captação, expressa em fórmulas e equações complexas; sabendo-se que o mercado financeiro, seja na captação, seja na reaplicação, tem praticada taxa de juros acima do limite estabelecido no § 3º do art. 192 da Constituição Federal; sendo o entendimento unânime da Câmara, sufragado pelo Primeiro Grupo Cível, que a norma constitucional acima é de eficácia plena, auto-aplicável. Apelação não provida".[151]

"Leasing. Indexador das prestações. Taxa de juros. Constituição Federal. Lei da reforma bancária".[152]

No corpo do acórdão temos:

"Nos termos da decisão proferida pelo Supremo Tribunal Federal, quando do julgamento da ação direta de inconstitucionalidade nº 4, o § 3º do artigo 192 da Constituição Federal não é auto-aplicável.

A cobrança de taxas que excedam o prescrito no Dec. 22.626, de 1933, desde que autorizada pelo Banco Central, não é ilegal, sujeitando-se os seus percentuais aos limites fixados pelo Conselho Monetário Nacional, e não aos estipulados na Lei de Usura.

No entanto, ausente a autorização do Conselho Monetário, as taxas de juros, mesmo em se tratando de operação realizada por instituição financeira, sujeitam-se ao limite legal de 12% ao ano".[153]

Assim decidiu, em 1995, a 6ª Câmara do Tribunal de Alçada do RS sobre o art. 192, § 3º, da CF no julgamento de um contrato de arrendamento mercantil. Temos no corpo do acórdão o que segue:

"A propósito, esta Câmara, em mais de uma oportunidade, já acolheu o entendimento, acenado pelo apelante, no sentido de que, em contratos de *leasing*, complexo, que envolve variada gama de

---

[151] RS. TA.Ap.Cív. 193035052-1ª Câm. Cív. Rel. Juracy Vilela de Sousa. J. 27.04.93.

[152] RS. TA. Ap. Cív. 194072633 - 1ª Câm. Cív. Rel. Heitor Assis Remonti. J. 23/08/94.

[153] Idem.

Leasing - Aspectos Controvertidos do Arrendamento Mercantil

relacionamentos, não há que cogitar da incidência do art. 192, § 3º, da CF. E, no contrato em causa, ainda, não se identifica a cobrança de juros acima do teto constitucional, representando, eventual acréscimo constante do preço inicial da operação, o lucro da arrendadora, segundo a contratação livremente realizada".[154]

"*Juros bancários limitados aos do contrato nunca superiores a 12% ao ano. Multa moratória em 10%* (hoje 2%, Lei nº 9.298/96). *Comissão de permanência e correção monetária são inacumuláveis.* Não obstante o julgamento da ADIn 4-7/600 do STF, por isso afastada a auto-aplicabilidade do § 3º do art. 192 da CF, os juros bancários permanecem limitados aos do contrato, nunca, porém, superiores a 12% ao ano, mais a correção monetária, haja vista a legislação infra-constitucional, art. 1º do Dec.-Lei 22.626/33, c/c o art. 1062 do CC brasileiro, que não foi revogada pela Lei 4595/64. Pela totalidade da legislação sobre empréstimos bancários, agora, com o acréscimo da Lei 8078/90, a multa pela mora não pode superar o percentual de 10% (hoje 2%, Lei nº 9.298/96). São inacumuláveis comissão de permanência e correção monetária, esta contratada ou concedida, por força do art. 115 do CC brasileiro e Súmula nº 30 do STJ".[155]

"*Juros remuneratórios.* Limitação à taxa de 12% ao ano. Decisão proferida pelo Juiz, sem a iniciativa da parte devedora, ao ordenar a elaboração do cálculo. Segundo a classificação das normas constitucionais quanto à sua eficácia, o art. 192, § 3º, é considerado preceito de eficácia contida, de imediata aplicação, embora possível o advento de norma reguladora complementar, mas que não poderá alterar o fulcro inserido no mencionado dispositivo. Contém a referida regra todos os elementos necessários à operatividade imediata, vindo colocada num parágrafo que não tem nenhuma pertinência ao seu *caput*, que remete à regulamentação em lei complementar apenas em situações catalogadamente discriminadas. Na interpretação das normas quanto à eficácia, deve-se dar

---

[154] RS. TA. Ap. Cív. 195017561 - 6ª Câm. Cív. Rel. Marcelo Bandeira Pereira. J. 06.04.95.

[155] RS. TA. Ap. Cív. 194182242 - 9ª Câm. Cív. Rel. João Adalberto Medeiros Fernandes, *Julgados* 92, pp. 273-275.

validade ao instrumento inteiro, e a cada seção ou cláusula, sem que a necessidade de lei complementar de um de seus componentes se infira a mesma necessidade de todos os demais. Ademais, em razão do Direito Positivo inferior já vigorante extrai-se a mesma impossibilidade de exigibilidade de taxas superiores a 12% ao ano. Aplicação dos arts. 1.262 e 1.062 do CC, e 1º do Decreto nº 22.626/33. Inadmissibilidade da capitalização de juros, diante da Súmula nº 121 do STF. Dever do Estado em intervir nas relações contratuais de modo a manter a ordem jurídica e coibir abusos. Agravo de instrumento improvido".[156]

E, no corpo do acórdão, temos:

"Em primeiro lugar, parece evidente que o § 3º do art. 192 da Carta Federal não depende de regulamentação ou lei complementar.

Nota-se, no *caput* do art. 192, que a atividade bancária será regulada por lei complementar nos incisos que seguem. Já nos parágrafos, que explicitam alguns incisos, também, é evidente, deve-se aguardar a lei complementar, como é o caso do § 1º.

Não, porém, no § 3º, que trata de questão totalmente distinta das constantes no rol dos incs. I a VIII".[157]

E, no desenrolar do acórdão, temos:

"A jurisprudência, ditada pela mesma Corte, vem impondo a desvinculação da taxa de juros decorrentes de operações com Bancos do limite determinado pelo Decreto nº 22.626: 'O art. 1º do Decreto nº 22.626/33 está revogado não pelo desuso ou pela inflação, mas pela Lei nº 4595/64, pelo menos ao pertinente às operações de crédito, públicas ou privadas, que funcionam sob o estrito controle do Conselho Monetário Nacional'."[158]

Complementando a decisão temos:

"É ignominioso deixar ao arbítrio de um órgão federal a decisão de estabelecer os patamares dos juros, tolhendo qualquer poder de deliberação do mutuário e ferindo o princípio da

---

[156] RS. TA. AI. 193098563 - 3ª Câm. Cív. Rel. Arnaldo Rizzardo, *Julgados* 93, pp. 144-151.

[157] Idem.

[158] Idem.

Leasing - Aspectos Controvertidos
do Arrendamento Mercantil

consensualidade e da bilateralidade do contrato. Diante da natureza adesiva deste tipo de negócio, fica a parte na contingência de submeter-se obrigatoriamente às decisões impostas pelo Banco".[159]

Conclui a decisão nos seguintes moldes:

"Vemos, portanto, que tanto em razão do vigente dispositivo constitucional (art. 192, § 3º) como em vista do direito positivo ordinário é inviável a cobrança de taxas superiores a 12%".[160]

"*Juros bancários Limitados de 12% ao ano. Multa moratória em 10%* (atualmente 2%, Lei 9.298/96). *Comissão de permanência e correção monetária são inacumuláveis.* Não obstante o julgamento da ADIn 4-7/600 do STF, por isso afastada a auto-aplicabilidade do § 3º do art. 192 da CF, os juros bancários permanecem limitados em 12% ao ano, mais a correção monetária, haja vista a legislação infraconstitucional, art. 1º do Decreto-Lei nº 22626/33, c/c o art. 1.062 do CC Brasileiro, que não foi revogada pela Lei nº 4.595/64. Pela totalidade da legislação sobre empréstimos bancários, agora, com o acréscimo da Lei nº 8.078/90, a multa pela mora não pode superar o percentual de 10% (atualmente 2%, Lei 9.298/96). São inacumuláveis comissão de permanência e correção monetária, esta contratada ou concedida, por força do art. 115 do CC brasileiro e Súmula nº 30 do STJ. Concede-se a capitalização mensal quando contrata com base em lei específica (art. 5º do Decreto-Lei nº 167/67)".[161]

E, no corpo do acórdão, temos:

"... Desde logo afasto a auto-aplicabilidade dos juros constitucionais, em face da ADIn 4-7/600 do STF, mas, contudo, isto não significa que o credor possa, aproveitando-se da difícil situação da economia nacional, impor ao devedor juros abusivos".[162]

"*Juros. Limitação. Art. 192, § 3º, da CF.* Já decidiu o STF, assim também tem decidido o STJ, que a norma acima não tem

---

[159] Idem.

[160] Idem.

[161] RS. TA. Ap. Cív. 194063160-9ª Câm. Cív. Rel. Heitor Assis Remonti, *Julgados* 93, pp. 340-343.

[162] Idem.

eficácia imediata, cumprindo-se observar a interpretação dada pela Corte que tem competência para fazê-lo".[163]

Temos no corpo do acórdão a seguinte explicação para a ementa acima:

"Referentemente à limitação da taxa de juros, a Câmara mudou a sua posição. Sustentava que o § 3º do art. 192 da CF era auto-aplicável, de eficácia plena, segundo os argumentos já largamente conhecidos. A Câmara, no entanto, apesar de não convencida, curvou-se à autoridade do Supremo Tribunal Federal, que é constitucionalmente competente para dirimir as dúvidas sobre a aplicação das disposições da Lei Maior. E o STF, na ADIn 4, proclamou que a aludida norma carece de regulamentação, não tem eficácia imediata.

Em conseqüência, válida continua a Súmula nº 596 do Pretório Excelso, que resume a interpretação do egrégio Pretório sobre a Lei nº 4.595/64, e segundo a qual a Lei de Usura não se aplica às instituições financeiras em relação à taxa de juros. Há de se considerar, no entretanto, que a Súmula é decorrência do posicionamento jurisprudencial antes constituído. A despeito de a súmula silenciar, dando a impressão pura e simples de que a Lei de Usura, no que pertine à taxa de juros, não se aplica às instituições financeiras, a concessão de cobrança de juros acima da taxa legal submetia-se à deliberação do Conselho Monetário Nacional".[164]

No julgamento proferido pelos eminentes juízes de Alçada Drs. Márcio Oliveira Puggina, Rui Portanova e Moacir Leopoldo Haeser, assim ficou decidido acerca dos juros:

"Quanto aos juros, há muito estão limitados pela Lei de Usura a 12% a.a. De qualquer forma, a partir da vigência da nova Constituição não pode haver mais dúvida: a Lei de Usura aplica-se a todos indistintamente, inclusive às instituições financeiras. O Constituinte quis espancar as dúvidas que pairavam e deixou bem claro que a

---

[163] RS. TA. Ap. Cív. 194100384. 1ª Câm. Cív. Rel. Juracy Vilela de Sousa. J. 14/06/94, *Julgados* 94, pp. 179-183.

[164] RS. TA. Ap. Cív. 194100384. 1ª Câm. Cív. Rel. Juracy Vilela de Sousa. J. 14/06/94, *Julgados* 94, p. 180.

Leasing - Aspectos Controvertidos
do Arrendamento Mercantil

limitação da Lei de Usura a todos se aplica, não valendo qualquer pretexto para infringir a limitação legal.

Não é possível admitir que as instituições busquem outros pretextos para continuar infringindo a lei, como a alegação de não auto-aplicabilidade da norma constitucional. A Constituição apenas recepcionou a Lei de Usura afastando qualquer dúvida sobre sua ampla e geral incidência: juro é juro e ninguém pode cobrar mais do que 12% a.a., sob qualquer pretexto, é o que diz o constituinte. Em plena vigência, pois, a lei que veda a usura.

Mesmo que se entendesse que a norma constitucional exige algum esclarecimento, ao juiz cabe suprir omissão do legislador quanto à interpretação de forma que tenham plena vigência os princípios constitucionais estabelecidos pela soberania nacional através de seu Poder Constituinte. A sociedade, por todos os seus membros, deve curvar-se às leis e à Norma Maior, pois a força coercitiva emana da própria autoridade do Poder Constituinte. Não é possível derrogar princípios constitucionais apenas pela inércia de supostamente necessária regulamentação".[165]

Acerca da majoração dos juros após o vencimento, assim decidiu a 7ª Câmara Cível:

"Os juros moratórios não podem ser aumentados após o vencimento da obrigação, porque tal prática nada mais e nada menos representa do que forma de contornar a fixação dos juros moratórios em 1% ao ano - art. 5º, parágrafo único, do Decreto-Lei nº 167/67. Sentença parcialmente reformada".[166]

Assim dispôs o Segundo Grupo Cível sobre os juros:

"*Juros. Limite constitucional e lei da usura*. A taxa de juros está limitada pela Constituição Federal, a 12% a.a., aplicando-se a todos indistintamente. Importância da norma legal que, por repetidamente vulnerada no jogo de pressões da economia, foi erigida pelo

---

[165] RS. TA. Ap. Cív. 194197703 - 4ª Câm. Cív. Rel. Moacir Leopoldo Haeser. J. 17/11/94, *Julgados* 94, pp. 212-216.

[166] RS. TA. Ap. Cív. 194251674 - 7ª Câmara Cív. Rel. Leonello Pedro Paludo, *Julgados* 94, p. 356.

Poder Constituinte em princípio constitucional, considerada juro real qualquer cobrança relativa à concessão de crédito".[167]

Decidiu a 4ª Câmara Cível sobre a questão dos juros contratados no corpo do acórdão:

"Cumpre declarar que são inconstitucionais, pois ferem frontalmente o disposto no art. 192, § 3º, da CF, que tenho como auto-aplicável apesar das conhecidas opiniões em contrário. A esse respeito, tenho por aqui reproduzidos todos os irrespondíveis argumentos expostos pelo hoje Des. Sérgio Gischkow Pereira, em artigo publicado na Revista Ajuris, nº 47/179 a 194, que conclui no sentido de que juros reais correspondem aos juros excedentes à taxa inflacionária (juro nominal deflacionado). Destarte, tratando-se de norma de ordem pública, deve ser apreciada de ofício pelo juiz, motivo pelo qual determino que, na apuração do débito, seja considerada não escrita a taxa de juros prevista no contrato, substituída que deve ser pela taxa máxima de juros constitucionalmente permitida, ou seja, 1% ao mês. Nesse sentido, cita-se também o recente acórdão da 7ª Câmara Cível do Tribunal de Alçada gaúcho, sendo o Relator o eminente Dr. Antonio Janyr Dall' Agnol Junior, que também sustentou a eficácia plena e imediata do art. 192, § 3º, da CF".[168]

Sobre a limitação constitucional, assim se manifestou a 4ª Câm. Cível do extinto Tribunal de Alçada do Rio Grande do Sul:

"Nesta Corte, de forma quase-unânime tem-se proclamado a auto-aplicabilidade da norma constitucional. O problema surge com relação aos índices que devem ser tomados para corrigir a moeda. O índice inflacionário quase sempre é defasado e distorcido. Não representa a inflação real presente, mas inflação passada e considerada sobre determinados bens tomados como parâmetro de preços. Melhor seria um índice de inflação individual, de acordo com a

---

[167] RS. TA. EI 194115275 - 2ª Câm. Cív. Rel. Moacir Leopoldo Haeser. J. 17/03/95, *Julgados* 95, p. 388.

[168] RS. TA. Ap. Cív. 193051083 - 4ª Câm. Cív. Rel. Márcio Oliveira Puggina, *Julgados* 96, pp. 206-223, *apud* RS. TA. Ap. Cív. 192079796. 7ª Câm. Cív. Rel. Antonio Janyr Dall'Agnol Junior. J. 20/05/92.

variação de preços dos produtos e serviços de consumo, e que não são, necessariamente, idênticos aos consumidos por outra pessoa. Impossibilitada a medição individual, parâmetros médios são tomados como indicadores: essa inflação oficial".[169]

Argumenta o ilustre magistrado Dr. Armínio:

"... o Judiciário, na sua missão constitucional, tanto vezes incompreendida, não pode ignorar ou tergiversar com o texto da Lei Maior, e, tão grave igualmente, dar guarida a pressões as mais variadas, decorrentes do capital especulativo".[170]

Já o Dr. Marcelo Bandeira Pereira,

"... por entender que o gizado dispositivo reclama regulamentação, disciplinadora da nova realidade do sistema financeiro, não fosse aquilo decidido pelo Supremo Tribunal Federal na ADIn nº 4-7/DF, restou vencido".[171]

Na declaração de voto do eminente Desembargador Dr. Jorge Alcibíades Perrone de Oliveira, podemos extrair o que segue a respeito do tema em estudo:

"... revisando posicionamento anterior, entende-se que a disposição que estabelece juros acima de 12% a.a. não tem apoio na legislação vigente, devendo assim ser expungido o que sobejar".[172]

"*Contrato Bancário. Taxa prefixada, englobando juros e correção monetária.* Taxa não muito além das reveladas pelos simples indexadores da época. Inviabilidade de sua redução, à consideração de que excessiva. Recurso adesivo voltado à majoração da verba honorária. Não-conhecimento. (...) Não têm razão os apelantes, ainda que a maioria deste Órgão propenda pela tese da auto-aplicabilidade do art. 192, § 3º, da CF".[173]

Sobre o assunto em pauta, assim decidiu a 1ª Câm. do extinto Tribunal de Alçada do Rio Grande do Sul:

---

[169] Idem. Ibidem.

[170] RS. TA. EI 194223749 - 3ª Câm. Cív. Rel. Armínio José Abreu Lima da Rosa, *Julgados* 97, pp. 165-170.

[171] Idem.

[172] Idem.

[173] RS. TA. Ap. Cív. 195149083 - 6ª Câm. Cív. Rel. Marcelo Bandeira Pereira, *Julgados* 97, pp. 335-338.

"*Juros. Taxas. Constituição Federal. Lei de reforma bancária.* Nos termos da decisão proferida pelo Supremo Tribunal Federal, quando do julgamento da ADIn 4, o § 3º, do art. 192 da CF não é auto-aplicável. A cobrança de taxas que excedam o prescrito no Decreto nº 22.626/33, desde que autorizada pelo Banco Central, não é ilegal, sujeitando-se os seus percentuais aos limites fixados pelo Conselho Monetário Nacional, e não aos estipulados na Lei de Usura. Entretanto, para que as instituições financeiras possam operar com taxas acima dos limites legais, indispensável se faz a que tanto estejam autorizadas pelo Conselho Monetário, pois, ausente tal autorização, as taxas de juros não podem ultrapassar os limites legais. *Limitação de juros.* Em se tratando de operações realizadas por instituições integrantes do Sistema Financeiro Nacional, não se aplicam as disposições do Decreto nº 22.626/33, quanto à taxa de juros, tendo entendido a Excelsa Corte quando do julgamento da ADIn 4, também, que o art. 192, § 3º, da CF é de eficácia contida, merecendo regulamentação; assim, os juros são os contratados pelas partes. O Egrégio Superior Tribunal de Justiça, também, vem seguindo a mesma orientação. Daí entender-se que os estabelecimentos bancários, desde que autorizados, podem estabelecer taxas de juros superiores a 12% ao ano. Neste sentido, existe a Súmula nº 596 do STF. A. jurisprudência ditada pela mesma Corte vem impondo a desvinculação da taxa de juros decorrente de operações com Bancos do limite determinado pelo Decreto nº 22.626/33.[174]

"*Leasing. Juros. Comissão de permanência.* A Lei 4.595/64 conferiu poderes ao Conselho Monetário Nacional para limitar as taxas de juros, não para liberá-las. *Comissão de permanência.* Impossibilidade de sua cumulação com a correção monetária. Apelo provido em parte".[175]

"*Leasing. Revisão: contrato.* Depositário. Liminar em ação de revisão das prestações. Arrendatário colocado na posição de depositário. Oferta de prestações em desconformidade com o contrato.

---

[174] RS. TA. EI 194066106 - 1ª Câm. Cív. Rel. Heitor Assis Remonti, *Julgados* 98, pp. 171-179.

[175] RS. TA Ap. Cív. 194249405-1ª Câm. Cív. Rel. Jorge Luis Dall'Agnol. J. 02/04/96.

Leasing - Aspectos Controvertidos
do Arrendamento Mercantil

O *leasing* não se conforma à figura de simples financiamento ou de compra e venda, negócio complexo que é, onde prepondera a locação, por isso que a contraprestação assumida pelo arrendatário corresponde ao preço do negócio, em princípio, inalterável por disposições que dizem com limites de juros. E preço que inclui componentes vários, razão de não ficar adstrito, ao menos em termos de juízo sumário permitido em exame de liminar, ao valor de mercado do bem que lhe serve de objeto. Agravo provido".[176]

"*Arrendamento mercantil.* Contrato que apresenta a mesma natureza da do mútuo bancário, o que impõe a redução dos juros ao limite estabelecido na Lei da Usura, devendo a atualização ser procedida pelos índices oficiais. *Multa contratual e juros de mora.* Inexigibilidade dos mesmos, por estar o credor cobrando mais do que o devido. Incidência do art. 963, CC. *Repetição do indébito.* Reconhecimento do direito a repetir o que pagou a maior. *Quitação do contrato.* Tendo sido pago mesmo o que foi cobrado indevidamente, declara-se quitado o contrato. Deram provimento".[177]

"*Agravo. Arrendamento mercantil. Ação revisional. Liminar de manutenção de posse.* Em princípio, não se cuidando, o *leasing*, de simples financiamento, não se pode opor ao que previsto no contrato normas que dispõem sobre limitação de juros. Inviabilidade outrossim, de se antecipar, na ação declaratória, juízo próprio à ação de reintegração de posse, cujo manejo é constitucionalmente assegurado à arrendante. Agravo provido".[178]

"*Arrendamento mercantil. Revisional. Juros constitucionais. Definitiva manifestação do STF.* Inincidência da Lei de Usura, segundo Súmula. Liberdade de pactuação. Definitivamente afastada a tese da auto-aplicabilidade do art. 192, § 3º da CF, por julgamento do STF, livre é a pactuação de juros no País, vigente o sistema

---

[176] RS. TA. AI 196026405 - 6ª Câm. Cív. Rel. Marcelo Bandeira Pereira. J. 11/04/96.

[177] RS. TA. Ap. Cív. 195141841 - 4ª Câm. Cív. Rel. Cesar Tasso Gomes. J. 14/03/96.

[178] RS. TA. Agravo 195197546 - 6ª Câm. Cív. Rel. Marcelo Bandeira Pereira. J. 28/03/96.

capitalista, coibindo-se apenas, quando evidenciado, abuso no exercício de direito. Apelo desprovido".[179]

"*Leasing. Juros. Limitação.* Liminar de antecipação de cautela. Agravo. O *leasing* é negócio complexo, envolvendo aluguel com opção de compra, por isso que, segundo precedentes desta Câmara, não se lhe aplicam normas limitadoras de juros, cuja incidência se restringe, de regra, às operações de mútuo. Agravo provido. Voto vencido".[180]

"*Agravo de Instrumento. Ação cautelar. Tutela antecipada. Ação revisional de contrato de arrendamento mercantil. Possibilidade sua concessão se a revisão objetiva expungir juros superiores a 12% a.a. Anatocismo, e multa, dentre outras irregularidades.* Previsão contratual de pagamento do resíduo em cada parcela do arrendatário. Direito de proprietário, ao menos em parte (art. 5º, XXII, da CF). Renovação de equívoco na cautelar ao indeferir liminar de manutenção do veículo na posse do consumidor. Provimento.

Se o entendimento adotado pela Câmara é no sentido de que a inserção e cobrança de juros acima de 12% ao ano, sua capitalização mensal, e correção pela TR são ilegais, a pretensão do devedor de se manter na posse do bem é legítima, pois se o contrato ainda não foi rescindido produz seus plenos efeitos. Agravo provido em parte. Decisão reformada. Concedida a liminar".[181]

---

[179] RS. TA. Ap. Cív. 195182472 - 7ª Câm. Cív. Rel. Antonio Janyr Dall'Agnol Junior. J. 14/02/96.

[180] RS. TA.Agravo 195195045 - 6ª Câm. Cív. Rel. Marcelo Bandeira Pereira. J. 15/02/96.

[181] RS. TA. AI 196064471 - 9ª Câm. Cív. Rel. Wellington Pacheco Barros. J. 13/08/96.

Leasing - Aspectos Controvertidos
do Arrendamento Mercantil

9

Rescisão contratual

9.1. Resolução pelo inadimplemento das contraprestações

A rescisão pode ocorrer com a morte do arrendatário, pela superveniência de caso fortuito ou de força maior, término do contrato, perecimento do bem devido a sinistro ou acidente e pela resolução pelo inadimplemento das contraprestações.

O objetivo do estudo pelo item inadimplemento das contraprestações se deve ao fato do grande número de demandas judiciais por parte da arrendadora em querer cobrar as prestações vincendas após a retomada do bem.

Diante disso, analisaremos doutrina e jurisprudência. Verifica-se que o entendimento preponderante é no sentido de considerar abusivo, a cobrança das prestações posteriores à reintegração de posse.

Constata-se que a rescisão contratual por parte da arrendante, em face do inadimplemento da arrendatária, motiva a cobrança das prestações vencidas, a reintegração do bem e a multa contratual proveniente da ruptura do contrato. Continuando com o nosso raciocínio, podemos dizer que no arrendamento mercantil a propriedade permanece com a empresa arrendante. Dessa forma, a arrendatária dispõe apenas do uso e posse do bem, objeto do contrato. Como podemos viabilizar a cobrança das prestações vincendas se o uso e a posse já não mais estão com a arrendatária? Tratando-se de pagamentos mensais pelo uso do bem, não há que se permitir a cobrança.

Conforme José Wilson Nogueira de Queiroz:

"Parece-nos que o processo de execução cuja cobrança de crédito deva fundar-se sempre em título líquido, certo e exigível não constitui meio hábil para a arrendante haver prestações ou aluguéis vincendos quando o contrato de arrendamento fora rescindido com a reintegração da coisa objeto do contrato, como se tratasse de um empréstimo do tipo clássico. Afigura-se-nos mais procedente que a arrendante prove, se for o caso, a ocorrência de perdas e danos com vistas a exigir o competente ressarcimento em decorrência de ato da arrendatária".[182]

No mesmo sentido, o Desembargador Rizzardo nos diz:

"O inadimplemento do arrendatário pelo não pagamento pontual das prestações autoriza o arrendador à resolução do contrato e a exigir as prestações vencidas até o momento da retomada de posse dos bens objeto do *leasing*, e cláusulas penais contratualmente previstas, além do ressarcimento de eventuais danos causados por uso anormal dos mesmos bens. No caso de resolução, a exigência de pagamento das prestações posteriores à retomada do bem, sem a correspondente possibilidade de o comprador adquirilo, apresenta-se como cláusula leonina e antijurídica".[183]

O entendimento daqueles que consideram jurídico, a cobrança posterior à retomada do bem até o término do contrato se baseia nas seguintes ponderações:

Consubtanciado o inadimplemento pelo não-pagamento das parcelas resiliu-se com a notificação o contrato. Portanto, como conseqüência natural do contrato descumprido, houve o vencimento antecipado da avença e, nessa situação, houve as perdas e os danos do credor.

---

[182] QUEIROZ, José Wilson Nogueira de. Ob. cit., pp. 101-102.

[183] RIZZARDO, Arnaldo. Ob. cit., pp. 149-150.

O Prof. Orlando Gomes sustenta a possibilidade de a empresa arrendadora cobrar a totalidade das prestações sujeitando-se às regras da responsabilidade contratual.

"O contrato de *leasing* extingue-se pelas causas determinantes da extinção de qualquer contrato por prazo determinado, e, assim, pelo advento do termo final, pelo mútuo consentimento ou pela inexecução culposa de uma das partes, vale dizer, infração de cláusula fundamental como, por exemplo, o atraso no pagamento dos aluguéis. Rescindido abusivamente pelo tomador do *leasing*, terá ele de pagar ao concedente todas as prestações que completariam o cumprimento integral da obrigação do pagamento de aluguel".[184]

Também nesse sentido temos o parecer de Fran Martins por considerar a obrigatoriedade do contrato durante toda a vigência do mesmo:

" ... Assim, todas as prestações pactuadas serão devidas, ainda mesmo que o arrendatário queira dar fim ao contrato, devolvendo o bem à arrendadora, antes de terminado o prazo contratual. Em virtude desse princípio, os contratos de *leasing* devem ser estudados em profundidade pelos arrendatários, pois ao firmá-los, recebendo o bem arrendado, ficam com a obrigação de pagar, de modo convencionado, todas as prestações pactuadas".[185]

Aos que opininam de modo diverso, verificaremos, assim, seus argumentos.

No arrendamento mercantil, a inadimplência leva a resilição do contrato com a obrigação de devolução do bem em condições normais de uso sob pena de pagamento da diferença e quitação das prestações em atraso acrescidos de multa e juros contratuais. Não se podem antecipar as prestações vincendas porque elas se referem ao uso e gozo do bem. Ora, com a resilição e a apreensão do bem, cessou para o arrendatário a possibilidade de fruição. Portanto, não são devidas.

---

[184] GOMES, Orlando. *Contratos*. 12ª ed. Rio de Janeiro: Forense, p. 527.

[185] MARTINS, Fran. Ob. cit., pp. 545-568.

O arrendatário não comprou o bem para responder pelo preço. Ele locou um bem, comprometendo-se a pagar uma renda para tê-lo em sua posse, dele desfrutando. Está obrigado ao pagamento da renda mensal enquanto estiver com o bem a sua disposição. Seria sumamente injusto equiparar o *leasing* com a alienação fiduciária. Se na alienação é perfeitamente lícita a cobrança, temos que repensar que nesse instituto o proprietário é o devedor, ou seja, o financiado, enquanto no *leasing*, a propriedade é da arrendadora. No *leasing*, contrata-se pelo uso da coisa, facultando ao arrendatário findo o prazo contratual, a possibilidade de adquirir o bem arrendado mediante o pagamento de um valor residual. Falta respaldo legal e moral para o recebimento do saldo contratual remanescente.

Não nos parece justo, observado o dominante caráter de locação, atribuir a incumbência para a arrendatária ao pagamento das prestações vincendas. É comum a arrendadora vender o bem em nome próprio e a seu lucro ou a preço vil. Se vendeu bem, melhor. Se vendeu mal, pior ainda. Não considera-se justo a arrendatária ter que arcar com o pagamento do valor das prestações vincendas deduzido do valor vendido, pois cessou a locação tanto é que a arrendadora aliena o bem e é de praxe fazê-lo sem a consulta ao arrendatário.

Como alternativa coerente, seria a de deferir ao arrendador a rescisão do contrato, a reintegração na posse do bem, o pagamento das prestações - corrigidas e com juros - vencidas até o momento da reintegração, mais a recomposição de eventuais danos decorrentes de uso anormal do bem e a imposição da multa contratualmente prevista. Nada mais. Quando o arrendante posteriormente vende o bem a terceiros, vende o que era seu. Se o vende por valor inferior, em conseqüência de o arrendatário haver feito do bem uso abusivo ou negligente, haverá o arrendador tal prejuízo do causador do dano, mas não a título de pagamento de prestações posteriores à reintegração. Se houvesse o pagamento do saldo devedor, este importaria na solução integral do financiamento. A arrendatária, porém, não se beneficiaria com a aquisição do bem, solução que não seria nem justa e muito menos jurídica.

Podemos dizer, em relação à arrendadora que pretender receber, a título de indenização, todo o saldo devedor e o resíduo, implicaria completa satisfação da obrigação assumida pela arrendatária e, em conseqüência, na transferência a esta da propriedade do bem.

A jurisprudência, ao tratar do tema, manifesta-se no sentido a seguir exposto de forma a corroborar com a doutrina exemplificada acima, embora a predominância maior é quanto à inadmissibilidade da cobrança das prestações vincendas após a reintegração do bem. Então, vejamos:

"Arrendamento mercantil. Leasing. Rescisão. Inadimplemento do arrendatário. Previsão de pagamento das prestações posteriores a retomada do bem. Inadmissibilidade. Cláusula leonina e injurídica.

Ementa oficial: O inadimplemento do arrendatário, pelo não pagamento pontual das prestações autoriza o arrendador à resolução do contrato. E a exigir as prestações vencidas até o momento da retomada de posse dos bens objeto do *leasing* e cláusulas penais contratualmente previstas, além do ressarcimento de eventuais danos causados por uso anormal dos mesmos bens. O *leasing* é contrato complexo, consistindo fundamentalmente num arrendamento mercantil com promessa de venda do bem após o término do prazo contratual, servindo então as prestações como pagamento antecipado da maior parte do preço. No caso de resolução, a exigência de pagamento das prestações, posteriores à retomada do bem, sem a correspondente possibilidade de o comprador adquiri-lo, apresenta-se como cláusula leonina e injurídica".[186]

O Superior Tribunal de Justiça já decidiu que:

---

[186] BRASIL.STJ - Resp. 16.824-0 SP 4ª T. Rel. Min. Athos Carneiro. J. 23/03/93. RT 700, fev/94, ano 83, pp. 203-208.

"Arrendamento mercantil. Leasing. Resolução do contrato por inadimplemento do arrendatário. Conseqüências. Não exigibilidade das prestações vincendas. O inadimplemento do arrendatário, pelo não pagamento pontual das prestações autoriza o arrendador à resolução do contrato e a exigir as prestações vencidas até o momento da retomada de posse dos bens objeto do *leasing*, e cláusulas penais contratualmente previstas, além do ressarcimento de eventuais danos causados por uso anormal dos mesmos bens".[187]

O entendimento da 6ª Câmara Cível, do extinto Tribunal de Alçada do RS, relatada pelo ilustre Juiz Heitor Assis Remonti, cuja ementa, na parte que interessa, diz:

"Não configurando o *leasing* um mútuo ou financiamento propriamente dito, onde se dá a entrega pura e simples de certa importância em dinheiro, para ser devolvida após determinado lapso de tempo, é incabível a pretensão do arrendante em pleitear o recebimento das prestações ou aluguéis vincendos, após a rescisão do contrato e a reintegração na posse do bem".[188]

"Arrendamento mercantil. Leasing. Inadimplemento do arrendatário. Reintegração da posse. Pretensão de receber parcelas vincendas. Inadmissibilidade.

Rescindido o contrato de *leasing* pelo não pagamento das mensalidades, pode-se exigir as prestações vencidas até o instante em que o bem esteve em mãos do arrendatário, mais a recomposição de eventuais danos e incidência dos acessórios. Falta respaldo legal e moral para o recebimento pelo arrendante das prestações vincendas, uma vez que são contrapartida ao uso e gozo do bem".[189]

E, no corpo do acórdão, temos:

"No arrendamento mercantil a inadimplência leva à resilição do contrato, com obrigação de devolução do bem em condições

---

[187] BRASIL.STJ. RSTJ 50/216. Rel. Athos Carneiro, *apud* SP. TA. Ap. 580.900-9. 11ª Câm. Rel. Diogo de Salles, RT 732, p. 262.

[188] RS. TA. Ap. Cív. 194007704 - 6ª Câm. Cív. Rel. Heitor Assis Remonti.

[189] RS. TA. Ap. Cív. 195190053 - 7ª Câm. Cív. Rel. Vicente Barroco de Vasconcellos. J. 28/02/96, RT 728, pp. 371-375.

normais de uso (sob pena de pagamento da diferença) e quitação das prestações em atraso acrescidas de juros e multa contratual. Não se pode antecipar as prestações vincendas porque elas são contrapartida ao uso e gozo do bem. Ora, com a resilição e apreensão do bem, cessou para o arrendatário a possibilidade de fruição. Portanto, não são devidas. O arrendatário não comprou um bem, respondendo pelo preço; nem recebeu uma quantia certa e se propôs a devolvê-la em parcelas mensais, estando obrigado pelo principal e acessórios. Ele locou um bem (que o arrendante adquiriu especialmente para este fim), comprometendo-se a pagar uma renda para tê-lo em sua posse, dele desfrutando. Está obrigado ao pagamento da renda mensal enquanto tiver o bem à sua disposição e a devolvê-lo em boas condições, respondendo pela sua integridade".[190]

"Arrendamento mercantil. Leasing. Inadimplemento do arrendatário. Previsão de pagamento das prestações posteriores à retomada do bem. Inadmissibilidade. Cláusula leonina e injurídica.

Ementa oficial: Sendo o *leasing* contrato que envolve sucessivamente locação e compra e venda, não há fundamento para que, no caso de inadimplemento por parte do arrendatário, sejam cobradas as prestações vincendas posteriores à recuperação de posse do bem arrendado e prometido a venda pela arrendadora, pois não há aluguel quando o locatário não usufrui o bem locado e não se pode compelir o compromissário comprador a pagar por coisa que não poderá adquirir".[191]

Assim ficou consignado no corpo do acórdão:

"Não tem qualquer sentido exigir do locatário o pagamento de aluguel de coisa que não usufrua e do compromissário comprador o preço do bem que jamais irá adquirir. O contrário caracterizará locupletamento ilícito da arrendadora que receberá aluguel por um bem que estará em sua própria posse e, no caso de compra, terá ao mesmo tempo o bem e seu preço contra um nada deferido ao locatário".[192]

---

[190] Idem. Ibidem.

[191] SP.TA. Ap. Cív. 580.900-9 - 11ª Câm Cív. Rel. Diogo de Salles, J. 18/04/96, RT 732, pp. 260-262.

[192] Idem.

"Arrendamento mercantil. Leasing. Contrato de lease-back avençado com o BDMG. Vencimento antecipado. Falta de pagamento do valor locatício. Obrigatoriedade do pagamento das prestações vencidas e vincendas, sendo legais os juros cobrados pelo banco.

Ementa oficial: Vencendo antecipadamente o contrato de *lease back*, por falta de pagamento do valor locatício, as prestações vencidas e as vincendas devem ser pagas, como é de lei, sendo legais os juros cobrados pelo BDMG, não podendo a parte depositar parcelas simples acrescidas de juros anuais de 12%, baseada em norma constitucional de eficácia contida, que depende de regulamentação".[193]

"Arrendamento mercantil. Rescindido o contrato por inadimplemento do arrendatário e reintegração de posse do arrendante são devidas as prestações até o desapossamento do bem. Inviabilidade da cobrança da diferença entre o preço de venda do veículo e o valor das restantes prestações. Uma vez rescindido o contrato e retomado o bem não há arrendamento a ser pago. Adequação dos juros ao limite do Decreto nº 22.626 e Código Civil, em plena vigência na nova ordem constitucional. Juros de mora de 1% ao ano e capitalização em 30 de junho, 31 de dezembro (data dos balanços dos Bancos), no vencimento e na liquidação, conforme art. 5º do DL 413/69, aplicável nos termos da Lei 6.840/80. Compensação com os valores das prestações pagas. Incidência da multa sobre o valor do débito. Distribuição proporcional da sucumbência. Recursos principal e adesivo parcialmente providos".[194]

Cabe evidenciar a passagem abaixo, a fim de confirmar o posicionamento, extraída do acórdão em estudo:

"Quanto ao pretendido pagamento do saldo do arrendamento, o pleito não merece acolhida. O apelante optou pela resilição do contrato e obteve a reintegração de posse. Devolvido o veículo não há razão para o arrendatário continuar pagando o arrendamento já

---

[193] MG. TJ.Ap. 25.768/3. 2ª Câm. Rel. Des. Rubens Xavier Ferreira, J. 30/08/94, RT 724, pp. 403-407.

[194] RS. TA. Ap. Cív. 195084876 - 4ª Câm. Cív. Rel. Moacir Leopoldo Haeser. J. 21/09/95.

rescindido. O equívoco foi do apelante que alienou o veículo - talvez por preço vil - creditando-o ao pagamento de apenas algumas prestações. Trata-se de iniciativa que não pode ferir o arrendatário pois não lhe interessa a destinação do veículo dada por seu proprietário. Absurdo pretender cobrar do arrendatário - que já foi desapossado do bem e perdeu o que pagou - com saldo decorrente do baixo preço da alienação e do absurdo dos encargos financeiros impostos".[195]

"*Arrendamento mercantil*. Inadimplemento injustificado do arrendatário dá margem à reintegração de posse. A arrendadora tem direito às prestações devidas até a data da reintegração, mais a cláusula penal contratada (10%). Compensação de valor pago a maior. Apelo provido em parte. Unânime".[196]

"*Arrendamento mercantil. Leasing. Rescisão. Prestações vincendas*. A data da rescisão do contrato de *leasing* ocorre no dia da efetiva reintegração dos autores na posse do bem arrendado. O *leasing* tem inserto em sua natureza, além da compra e venda e da locação, o mandato, que presume-se fielmente cumprido pelo vendedor até prova em contrário. Rescindido o contrato de *leasing* as parcelas vincendas não são mais exigíveis, sendo leonina a cláusula do contrato que imputar ao arrendatário a obrigação de pagar as prestações em atraso mais as que se vencerem. Apelos improvidos.

Quanto ao recurso dos autores, também não procede, pois as prestações vincendas não são exigíveis quando rescindido o contrato de *leasing*, constituindo, conforme pacífico entendimento dessa Câmara, cláusula leonina a que estabelecer a obrigação ao arrendatário de pagar não apenas as prestações atrasadas mas as que se vencerem posteriormente. Cláusula dessa natureza não deve ser convalidada".[197]

"*Ação de cobrança. Arrendamento mercantil. Leasing*. Resolvido o contrato, com o perecimento do bem em razão de sinistro, descabe à arrendadora, já ressarcida pelo valor segurado continuar

---

[195] Idem.

[196] RS. TA. Ap. Cív. 195061387 - 9ª Câm. Cív. do TARS. Rel. Antonio Guilherme Tanger Jardim. J. 22/08/95.

[197] RS. TA. Ap. Cív. 194114500- 1ª Câm. Cív. Rel. Arno Werlang. J. 25/10/94.

Leasing - Aspectos Controvertidos
do Arrendamento Mercantil

a receber pelo arrendamento. Ação improcedente. Sentença confirmada por seus fundamentos. Apelo improvido".[198]

Convém verificar o que segue, extraído do corpo do acórdão:

"Com efeito, já não existindo o bem, já não existe arrendamento, e, assim, inexiste obrigação de contraprestações por parte dos réus, relativas à prestação da autora, que deixou de existir em vista da perda total do bem arrendado. Destarte, não podem ser os réus responsabilizados pelo pagamento das prestações contratadas, em período posterior à perda do bem arrendado. Cláusula contratual que tenha estabelecido o contrário não pode ser levada em consideração porque, além de constar de contrato de adesão, adentremente formulado pela autora, sem possibilidade de discussão de suas cláusulas impressas, é iníqua e traz profundo desequilíbrio contratual. Tendo a autora recebido o valor do seguro, nada tendo a reclamar quanto ao valor do bem, é como se tivesse recebido antecipadamente o próprio bem. Ela passou a desfrutar, antes do término previsto do contrato, do valor do bem já inexistente, e que, portanto, nada devem com relação a prestações de arrendamento posteriores ao sinistro efetivamente regulado".[199]

"*Leasing. Reintegração de posse. Pedido de indenização pelas parcelas vincendas. Descabimento.* Com a devolução do bem ao arrendante, cessa a obrigação do arrendatário, sendo responsável apenas pelas prestações vencidas, mais multa e juros legais, descabendo indenizar ainda as parcelas a vencer. Apelação desprovida".[200]

Cabe evidenciar a declaração de voto do Dr. José Carlos Teixeira Giorgis:

"A contraprestação por parte do arrendatário, leciona a doutrina, somente é devida no contrato de arrendamento mercantil, se e enquanto o bem permanecer na utilização daquele, pois uma vez

---

[198] RS. TA. Ap. Cív. 195141403 - 8ª Câm. Cív. Rel. Luiz Ari Azambuja Ramos. J. 24/10/95.

[199] Idem.

[200] RS. TA. Ap. Cív. 196025035 - 6ª Câm. Cív. Rel. José Carlos Teixeira Giorgis, Julgados 98, pp. 342-344.

retomado o bem, mercantilmente arrendado, cessa, para o arrendatário, a obrigação de contraprestar, sendo descabida a pretensão deduzida pela arrendadora no sentido de haver do arrendatário as parcelas vincendas do arrendamento resolvido.

Feita a devolução do bem arrendado ao proprietário, cessa a obrigação do arrendatário de pagar o arrendamento, sendo devidas apenas as parcelas vencidas até a data da entrega, com correções, multa e juros legais (Apelação Cível nº 194162111, 9ª Câmara Cível, à unanimidade, em 20-09-94).

Em sentido idêntico, decidiu esta Câmara que as contraprestações vincendas não são exigíveis, vez que submetida a exigibilidade à possibilidade de uso do bem por parte da arrendatária ou de sua compra por parte dela (Apelação Cível nº 194073763, relatada pelo hoje Des. Moacir Adiers, em 30-06-94)".[201]

"*Arrendamento mercantil. Leasing*. Inadimplemento do arrendatário. Reintegração de posse. Cumulação com indenização por perdas e danos referentes às prestações vencidas. Inadmissibilidade. Necessidade de o arrendante optar por uma das vias.

Tratando-se de possessória baseada em contrato de arrendamento mercantil (*leasing*), caracterizado o inadimplemento do arrendatário ensejador da reintegração de posse, inadmissível a cumulação do pedido possessório com o de indenização por perdas e danos referentes às prestações vencidas, devendo o arrendante optar por uma das vias".[202]

"*Arrendamento mercantil. Leasing financeiro. Inadimplemento do arrendatário*. Prestações não pagas até o final do contrato que são devidas, abatido o produto da venda do bem. Negócio jurídico indireto de financiamento, complexo, que, não sendo de mera locação assemelha-se à compra e venda com reserva de domínio e à alienação fiduciária. Aplicação analógica da legislação atinente a estes institutos.

O *leasing* financeiro é contrato complexo, que, não sendo mera locação, assemelha-se à venda e compra com reserva de

---

[201] Idem.

[202] PR.TA. Ap. 45.711-0. Rel. Ulysses Lopes. J. 18/12/91, RT 678, p. 180.

domínio, ou mesmo ao contrato com cláusula de alienação fiduciária. Isto leva à aplicação analógica da legislação pertinente a estes institutos. Assim, consubstanciado o inadimplemento pelo não pagamento das parcelas, resile-se com a notificação o contrato. Como conseqüência natural do contrato descumprido, há o vencimento antecipado da avença. Assim, todas as prestações não pagas até o final do contrato, abatido o produto da venda dos bens, são devidas".[203]

---

[203] SP. TA. Ap. 393.647.8. 2ª Câm. Cív. Rel. Rodrigues de Carvalho, J. 7/2/90, RT 653, pp. 117-119.

10

Antecipação do valor residual e suas conseqüências

A figura do valor residual tem sido motivo de discussões em nossos Tribunais pelo fato de existirem fortes argumentações quanto à descaracterização do contrato de arrendamento mercantil quando o mesmo estiver sendo pago juntamente com as prestações.

Primeiramente, diante de tantas controvérsias acerca da perda da identidade do *leasing* quando houver a antecipação do valor residual, convém analisarmos o que nos dizem a doutrina e a jurisprudência.

Diante disso, é primordial que saibamos a diferença entre o valor residual garantido e a opção de compra. Muitos têm confundido essas duas situações as quais são distintas. Então vejamos:

Como explicou o professor Jorge G. Cardoso,

"... o valor residual garantido é, portanto uma obrigação assumida pelo arrendatário quando da contratação do arrendamento mercantil, no sentido de garantir que o arrendador receba, ao final do contrato, a quantia mínima final de liquidação do negócio, em caso de o arrendatário optar pelo não exercer seu direito de compra e, também, não desejar que o contrato seja prorrogado".[204]

---

[204] RIZZARDO. Ob. cit., p. 70, *apud* CARDOSO, Jorge G. -Aspectos Controvertidos de Arrendamento Mercantil, em Cadernos de Direito Tributário e Finanças Públicas, Revista dos Tribunais, n. 5, 1993, pp. 73-74.

"O valor residual é o preço contratual estipulado para o exercício da opção de compra, ou valor contratualmente garantido pela arrendatária como mínimo que será recebido pela arrendadora na venda a terceiros do bem arrendado, na hipótese de não ser exercida a opção de compra".[205]

Mesmo diante das inúmeras controvérsias, devemos ter em mente que no contrato de arrendamento mercantil precisam constar expressamente três hipóteses a favor do arrendatário, ou sejam, adquirir o bem, renovar o contrato ou devolver o bem. Entende-se que tal opção deve ser exercida ao final do prazo estipulado no contrato. Caso isso não ocorra, existe a faculdade de se pleitear a descaracterização do contrato, transformando-o em compra e venda à prestação.

Podemos dizer que o valor residual corresponde ao preço para o exercício da opção de compra. Se o arrendatário optar pela compra, paga o preço estabelecido. Se devolver o bem, pagará um valor residual garantido. Quer dizer: tanto em caso de opção de compra, como em caso de devolução, o valor residual garantido acaba sendo pago.

É inegável que o valor residual garantido, havendo devolução, não poderá ser igual ao preço fixado para a compra do veículo em caso de exercício de opção de compra, por incorrer em vantagem indevida à arrendante.

Diante disso, como forma de manter o contrato firmado pelas partes, temos decisões jurisprudenciais que admitem a compensação das prestações vincendas, quando as parcelas do financiamento foram pagas juntamente com o valor residual.

A justificativa alegada pela corrente que não considera descaracterizado o *leasing* ocorrendo o valor residual antecipado é a seguinte:

O valor residual antecipado funciona como uma espécie de garantia à arrendadora, isto é, se o arrendatá-

---

[205] Portaria n. 564/78, do Ministério da Fazenda.

rio não exercer a opção de compra ao final do contrato. Diante disso, devolverá o bem. Por conseqüência, a arrendadora o alienará e terá em seu poder uma espécie de caução proveniente da antecipação. Em sendo o preço da venda superior ao valor residual, a arrendadora devolverá a quantia excedente. Se inferior, existirá um débito a ser satisfeito pela arrendatária.

Conforme o entendimento acima, a antecipação não descaracterizaria o arrendamento, porque mesmo pagando o valor residual antecipado, a arrendatária não teria exercido a opção de compra que é um ato voluntário ocorrido após o adimplemento das prestações. Continuaria em vigor a opção da arrendatária ao final do contrato em querer optar pela compra, devolver o bem ou renovar o contrato. O arrendatário tem ciência que está pagando pelo valor residual antecipado, pois existem bloquetes distintos que são enviados mensalmente para a arrendatária em que consta um para efeito de contraprestação e outro a título de valor residual antecipado.

Fica evidente, portanto, que a assunção e o cumprimento da obrigação representada pelo pagamento do VRG, não implicaria antecipar, por qualquer forma, o exercício da opção de compra característica como ato final do contrato de arrendamento mercantil. Até porque, tal antecipação, quando ocorre, é motivo para, na forma do art. 11, § 1º, da Lei 6.099/74, e do art. 10 da Res. 2.309/96, ser o contrato de *leasing* descaracterizado e considerado como de compra e venda.

Por isso, a simples caução em dinheiro do VRG ou mesmo a caução para fazer face ao eventual pagamento da opção de compra é insuficiente para retirar do arrendatário a opção de comprar ou não o bem arrendado ao término do contrato e, conseqüentemente, não implica antecipação da compra e nem da descaracterização do contrato de arrendamento mercantil, para transformá-lo em contrato de compra e venda a prestações. Enseja

Leasing - Aspectos Controvertidos
do Arrendamento Mercantil

dizer que o valor residual garantido não tem conotação de pagamento. Já a opção de compra, por seu turno, como o próprio nome diz, traduz o valor, previamente ajustado no contrato, a ser pago pela arrendatária, caso opte pela aquisição do bem arrendado.

Há os que são partidários da descaracterização do contrato de arrendamento mercantil havendo a antecipação do valor residual. Argumentam que isso estaria desnaturando o contrato de *leasing*, porque teria se tornado uma compra e venda a prestações. Cabe assinalar que a hipótese de descaracterização se dá quando a opção de compra ocorrer antes de decorrido o prazo contratual. Uma coisa é antecipar o pagamento do VRG, em parcela única ou em mensalidades cobráveis junto com as contraprestações; outra é fazer a opção pela compra do bem. Outros já preferem dizer que a cláusula que prevê a antecipação do valor residual não chegaria a descaracterizar o contrato, mas existiria a sua imprestabilidade, ou seja, a sua irregularidade na qual precisa ser expungida do contexto contratual. Na verdade, o valor residual garantido serve para mascarar o valor caucionado e cobrir eventual inadimplência.

Partindo-se do pressuposto que gira sob o enfoque econômico aduzindo a alegação de pagar o residual durante a vigência do contrato, seria uma forma de pagar menos, porque a arrendatária não sentiria tanto no seu bolso o pagamento mensal ao invés de ter que desembolsar o valor integral no término do contrato, é uma falácia. As experiências têm demonstrado que, sendo pago concomitantemente com as prestações, seu valor seria maior do que se pagasse ao final, tendo em vista a depreciação do bem ao término do contrato e por conseqüência se estaria lesando o próprio consumidor.

Podemos dizer que diante dessa situação é cabível analisar a interpretação do comportamento das partes. O ponto de partida para resolvermos o impasse é sabermos o que as partes intuíram ao contratar. Sabendo-se que ambas aderiram pelo *leasing*, procura-se preservar o contrato e retira-se dos pagamentos mensais a inclusão do valor residual garantido pago paralelamente para exercê-lo somente ao final quando a arrendatária optar pela compra do bem objeto da avença.

Frisamos mais uma vez no sentido de que para se caracterizar o arrendamento mercantil, um de seus requisitos é a previsibilidade de compra no final do contrato. Não possuindo isso, não se considera arrendamento mercantil, porque não contém um dos elementos exigidos pela lei.

Nas ações de reintegração de posse, tem-se entendido que é incabível a liminar quando tiver sido pago o valor residual antecipado, pois pairam dúvidas acerca da própria natureza do contrato celebrado, requerendo primeiramente a análise de seu conteúdo e a vontade das partes.

Sobre o assunto, a jurisprudência encontra-se dividida. Algumas decisões firmam seu entendimento pela preservação do contrato, enquanto outras procuram descaracterizá-lo. Vejamos as ponderações seguintes:

"*Agravo de instrumento. Contrato de arrendamento mercantil.* Pagamento antecipado do valor residual a pôr em dúvida a natureza do negócio jurídico. Agravo improvido".[206]

E, no corpo do acórdão, temos:

"Em primeiro lugar, merece uma maior e melhor indagação a questão referente à natureza do negócio jurídico firmado entre as partes. Afirma, a agravante, ter efetuado antecipadamente o pagamento da opção de compra. Isto teria descaracterizado o contrato de *leasing*, tornando-se um nítido contrato de financiamento para a compra e venda a prestação.

Esta antecipação do valor residual, contudo, vem de encontro à regra de que só deva ser pago no final do contrato, conforme Resolução do BACEN. E, tratando-se de contrato de adesão, bem

---

[206] RS. TA. AI 196044341 - 8ª Câm. Cív. Rel. Henrique Osvaldo Poeta Roenick, Julgados 99, pp. 339-341.

Leasing - Aspectos Controvertidos
do Arrendamento Mercantil

se compreende a redação da cláusula em questão. E também por isso, ou seja, por se tratar de contrato de adesão, tem aplicação a regra do art. 51, inc. IV e parágrafo primeiro, inc. II, do CDC.

Por isso, parece-me prudente manter a liminar concedida na cautelar inominada até maior investigação a respeito da alegada descaracterização do contrato de *leasing*, contrato este que, segundo o agravando, pelo pagamento antecipado da opção de compra, se teria configurado em um verdadeiro contrato de compra e venda a prestação. E isto só poderá ser apreciado na demanda revisional. (Rel. Henrique Osvaldo Poeta Roenick).

No entanto, existe na espécie a afirmativa de antecipado o pagamento de valor referente à opção de compra desnaturando o contrato de *leasing* que, na verdade, se transformou em financiamento para compra de bem móvel. Nesses termos, estou acompanhando o relator, improvendo o recurso".[207] (Alcindo Gomes Bittencourt).

"*Processo civil. Arrendamento mercantil. Ação de revisão do contrato*. Ação de reintegração de posse. Liminar. Pagamento antecipado de parte do valor residual garantido (preço) em caso de opção de venda. Resolução 980/94 do Banco Central.[208]

Exigindo o arrendante, durante a vigência do contrato de *leasing*, a par da contraprestação, o pagamento do valor residual garantido, em desacordo com a Resolução 980/84 do Banco Central, não é de ser deferida a reintegração liminar na posse do bem pela suspensão dos pagamentos. Hipótese em que o preço da aquisição do bem corresponde ao valor residual garantido fixo. Recurso provido".[209]

"*Contrato de leasing. Adiantamento de valor residual*. Desconsideração da natureza do negócio. Declaração alvitrada vinculada a pedido de juros, nos moldes de financiamento.

Tanto no *leasing*, como na compra e venda a prestações, para onde levaria a almejada descaracterização do negócio, o que há, na essência, é o estabelecimento de um preço, não importando os ingredientes considerados à sua definição, não se confundindo o

---

[207] Idem.

[208] Resolução 980, alterada pela Resolução 2.309, de 28/08/96.

[209] RS. TA. AI 196085393 - 9ª Câm.Cív. Rel. Maria Isabel de Azevedo Souza. J. 25/06/96.

que exceder ao preço de venda do bem que lhe serve de objeto com simples juros, antes dizendo respeito a fatores variados, tais quais custo de captação do numerário empregado pela arrendante para aquisição, impostos e lucro próprio da operação. Juros de 1% ao mês, como pretendidos, que talvez nem servissem para cobrir os simples custos de captação. Circunstâncias da espécie, outrossim, a indicar ausência de abusividade à arrendatária. No mesmo sentido APC nᵒˢ 196138994, 196225981".[210]

"Leasing. Revisão: contrato. Depósito. Agravo de instrumento contra decisão que indeferiu liminar de reintegração de posse em ação decorrente de contrato de *leasing.* Caso em que pende de apreciação ação revisional do contrato, anteriormente ajuizada pelo arrendatário, na qual foi deferida a realização do depósito das quantias como devidas. Evidência, ademais, de que o valor residual garantido está sendo cobrado em conjunto com as contraprestações, sob o título eufemístico de caucionamento, o que pode conduzir à descaracterização do ajuste como arrendamento mercantil. Recurso improvido".[211]

"Contrato bancário. Leasing. Revisão. Antecipação do valor residual. Efeitos. Juros. Correção monetária. TR. A interpretação da vontade das partes deve ser feita através dos métodos usuais para tanto. A cláusula de antecipação do valor residual não desfigura o *leasing,* a ponto de ser considerado compra e venda, mas se apresenta nula e de nenhum efeito, por ofensiva ao regramento da espécie. Direito a compensar as parcelas pagas, corrigidas e remuneradas como as relativas ao valor do arrrendamento, nas prestações ainda em aberto, a partir da mais antiga. No final do prazo do arrendamento, as posições serão fechadas, para o efeito das opções legais (compras, restituição, renovação), e acertos de valores derivados da irregular antecipação. Juros. Limitação infraconstitucional. TR. Imprestável para indexar, por representar custo da moeda. Utilização do IPC".[212]

---

[210] RS. TA. Ap. Cív. 196100076 - 6ª Câm. Cív. Rel. Marcelo Bandeira Pereira. J. 05/12/96.

[211] RS. TA.AI 196167100 - 2ª Câm. Cív. Rel. Roberto Laux. J. 17/10/96.

[212] RS. TA. Ap. Cív. 196102719 - 9ª Câm. Cív. Rel. Breno Moreira Mussi. *Julgados* 100, pp. 396-399.

Leasing - Aspectos Controvertidos
do Arrendamento Mercantil

"Arrendamento mercantil. Ação de revisão contratual. Carência de ação. Tratando-se de contrato de adesão, a existência de pacto comissório e de notificação premonitória não obsta a propositura da ação revisional do contrato.

Pagamento antecipado do valor residual. A previsão contratual de antecipação do pagamento do valor residual, juntamente com as parcelas da contraprestação, a título de garantia das obrigações do arrendatário, não desnatura o arrendamento mercantil, especialmente quando estipulada, como no caso em exame, sua devolução na hipótese de restituição do bem".[213]

E, no corpo do acórdão, temos:

"A sentença considerou descaracterizado o *leasing*, reduzindo a uma compra e venda a prazo, pelo fato de conter cláusula de pagamento antecipado do valor residual, ou seja, diluído em parcelas exigíveis concomitantemente às da contraprestação. Isso porque, assim, ao cabo do prazo contratual, *in casu* vinte e quatro meses, o arrendatário não disporia de uma das três opções típicas do *leasing*, quais sejam a aquisição do bem, sua devolução ou a renovação do contrato. Não teria a devolução, porque, estando paga toda a contraprestação e todo o valor residual, consistiria prodigalidade entregar o bem à arrendadora, pois bastaria manifestar o desejo de adquiri-lo; caso contrário, estaria a doar o bem à arrendadora.

Penso, todavia, que o contrato disciplina de modo diverso a devolução do bem quando pago o valor residual por antecipação. A cláusula 10.4.4.3 (fl.19v.) prevê a devolução do valor residual ao arrendatário, abatidos eventuais débitos e diferença a menor do preço obtido com a venda do bem arrendado. Logo, o valor residual adiantado não se incorpora, modo definitivo, ao patrimônio da arrendatária. Apenas garante os encargos do arrendatário, serve como pagamento do preço na opção de compra e volta ao patrimônio do arrendatário que optar pela devolução do bem.

---

[213] RS. TA. Ap. Cív. 196156822 - 9ª Câm. Cív. Rel. Antonio Guilherme Tanger Jardim, *Julgados* 100, pp. 401-404.

Nessas condições, não vislumbro qualquer fator de desqualificação do arrendamento mercantil no contrato *sub judice*".[214]

"*Arrendamento mercantil*. Antecipação do pagamento do valor residual garantido (VRG) não significa opção antecipada de compra, não descaracterizando o contrato, de natureza plurifacetária. Encargos exigíveis conforme ajuste, porque de eficácia contida a regra constitucional dita limitadora dos juros e inaplicável a legislação infraconstitucional. Sentença que chancela indexação pactuada. Parcial provimento de um dos apelos e improvimento de outro".[215]

No voto do eminente juiz-relator, Dr. Geraldo Cesar Fregapani, temos as seguintes considerações:

"Este órgão fracionário, em julgamentos anteriores, do que é exemplo o aresto na AC n. 196151005, da lavra do eminente Doutor Luiz Azambuja Ramos, vem consolidando o entendimento de que o pagamento antecipado do assim chamado Valor Residual Garantido (VRG), não descaracteriza o contrato de *leasing*, menos ainda o transforma em contrato de compra e venda a prestações.

Como sinalado pelo culto e operoso magistrado *a quo*, não foi esta a *mens legis*. Aliás, o art. 5º, da Lei nº 6.099/74, que regula dentre nós as operações de arrendamento mercantil, estabelece que tais contratos conterão, dentre outras, disposições expressas acerca da opção de compra ou renovação do contrato e preço para opção de compra ou critério para sua fixação (alíneas *c* e *d*). Para que se espanque dúvida de interpretação, basta aduzir-se que o simples implemento do Valor Residual Garantido (VRG), à vista, ao início do contrato, não significa tenha sido feita, desde então, a chamada opção de compra".[216]

"*Leasing. Juros e incidências outras. Ação declaratória.* Injurídico é dispensar ao *leasing*, sem se buscar sua desconsideração como tal, tratamento de financiamento, ignorando-se suas facetas próprias, de negócio complexo. Impertinência da pretensão de redu-

---

[214] RS. TA. Ap. Cív. 196156822 - 9ª Câm. Cív. Rel. Antonio Guilherme Tanger Jardim, Julgados 100, pp. 401-404.

[215] RS. TA. Ap. Cív. 196123566 - 8ª Câm. Cív. Rel. Geraldo Cesar Fregapani.

[216] Idem.

Leasing - Aspectos Controvertidos
do Arrendamento Mercantil

ção de juros, embutidos no preço inicial, onde considerados ingredientes outros. Apelação provida. Voto vencido, em parte".[217]

No voto do eminente relator, Dr. José Carlos Teixeira Giorgis, temos:

"Ora, como consabido, a opção está feita durante o curso do contrato, e isto desnatura o arrendamento que passa a ser uma compra e venda a prestações".[218]

"*Arrendamento mercantil. Contrato atípico.* Previsto o pagamento do valor residual, em parcelas, juntamente com as contraprestações, descaracteriza-se o contrato de arrendamento mercantil pelo desaparecimento da opção de compra, tornando-se contrato atípico propriamente dito. Assim, aplicam-se as regras do mútuo, em face da teoria da aplicação analógica, incidindo o § 3º, do art. 192, da Constituição Federal, não podendo o financiador usufruir lucro superior a 12% ao ano, por se usurário tal procedimento. Apelação parcialmente provida".[219]

Na declaração de voto do eminente Juiz Dr. Gaspar Marques Batista, assim se pronunciou:

"... deduz-se que deixa de ser contrato típico de arrendamento mercantil, o pacto a que faltar a opção de compra, isto é, se a compra e venda já tiver se operando desde a formação do contrato".[220]

E mais:

"Pelo contrato em questão, o valor residual já é pago juntamente com as contraprestações, portanto, o valor residual já vai sendo pago ao longo do cumprimento do contrato, desaparecendo as demais opções. Não há obrigatoriedade de optar pela aquisição do bem, pois a aquisição já ocorre no momento da formação do contrato, diretamente do fornecedor, figurando a arrendante como mera financiadora, numa simples operação de empréstimo".[221]

---

[217] RS. TA. Ap. Cív. 196196729 - 6ª Câm. Cív. Rel. José Carlos Teixeira Giorgis.

[218] Idem.

[219] RS. TA. Ap. Cív. 196152029 - 3ª Câm. Cív. Rel. Gaspar Marques Batista.

[220] Idem.

[221] Idem.

"*Leasing. Revisão de contrato. Juros. Arrendamento mercantil. Revisão de contrato.* Negócio jurídico não descaracterizado, sem transmudação do contrato de *leasing* para compra e venda a prestações. Possibilidade de pagamento do valor residual, concentrado com as prestações, sem afetar o direito de opção de compra, a final, operando-se a restituição uma vez não exercido pela arrendatária. Taxa de juros, regra constitucional limitadora inaplicável, definida como de eficácia contida. Restrições da legislação ordinária, não incidência. Pagamentos a maior inocorrentes. Impossibilidade, ademais, de devolução uma vez já efetuados, em conta a natureza da ação. Ônus da sucumbência, encargos da autora, vencida na ação. Recurso da ré provido. Improvimento do da autora, conhecido em parte".[222]

"*Leasing.* Contrato misto e complexo, cujas cláusulas não podem ser isoladamente interpretadas. Eventual diluição do valor residual nas prestações periódicas não o desvirtua, de modo a configurar contrato de financiamento".[223]

E no corpo do acórdão, acentua:

"... Portanto, faz-se necessário uma interpretação do pactuado em sua totalidade, dela se extraindo a vontade dos contratantes. Se assim feito, tem-se como contrato de *leasing* e exclui-se a possibilidade de entendê-lo como contrato de financiamento".[224]

"Contrato de arrendamento mercantil. Ação de revisão. Distinção que se estabelece entre valor residual garantido e opção de compra. Interpretação do art. 10, da Resolução 2309 do Banco Central do Brasil. (...) Segundo o art. 10, da Resolução 2309 do Banco Central do Brasil, o que resta vedado é a antecipação da opção de compra, esta, sim, capaz de desnaturar o contrato...".[225]

---

[222] RS. TA. Ap. Cív. 196151005 - 8ª Câm. Cív. Rel. Luiz A. Ramos. J. 08/10/96.

[223] RS. TA. Ap. Cív. 196262570 - 8ª Câm. Cív. Rel. Dr. Jorge Luís Dall'Agnol. J. 25/02/97. Julgados 102, pp. 340-344.

[224] Idem.

[225] RS. TA. Ap. Cív. 196219851 - 8ª Câm. Cív. Rel. Dr. José Francisco Pellegrini. J. 03/06/96. Julgados 101, pp. 346-347. Dec. Unânime.

"Ação Revisional de Contrato. Compensação de valores pagos a maior. Não vinga quando o pagamento foi voluntário e não restou demonstrado ter sido feito mediante erro. (...) O pagamento antecipado do VRG não descaracteriza o contrato de *leasing*".[226]

"Ação Revisional. Contrato de Arrendamento Mercantil. Natureza Jurídica. O *leasing* tem natureza de contrato misto, onde se transfere a posse do bem, mediante o pagamento de contraprestações e outros valores, mais um adicional denominado valor residual. Quando este é pago concomitantemente com as prestações faz desaparecer o contrato de *leasing*, passando a se caracterizar como um contrato de compra e venda à prestação, sendo incabível, no caso, a reintegração liminar de posse"[227].

No decorrer do acórdão, assim se manifesta o relator:

"... Na espécie, o valor residual é pago concomitantemente com as contraprestações. Nessa situação jurídica, descaracterizado está o contrato de *leasing*, configurando-se no meu entendimento, contrato de compra e venda à prestação".[228]

"Arrendamento Mercantil. Pagamento do VRG. Descaracterização do negócio contratado sob o *nomen juris* arrendamento mercantil (*leasing*), para operação de compra e venda à prestação. Resolução nº 2.309/96 do BACEN. Conflito de normas de hierarquias diferentes. Prevalência da lei".[229]

Diante da magnífica fundamentação do relator, extraímos o que segue:

"Vale dizer, segundo o BACEN, passou o contrato de arrendamento mercantil (*leasing*) a poder conter cláusula que permite pagamento do VRG ao longo da sua duração, a exemplo do contrato em apreço. Ledo engano. De tudo isso resulta que a novel providência

---

[226] RS. TA. Ap. Cív. 197133127 - 8ª Câm. Cív. Rel. Dr. Jorge Luís Dall'Agnol. J. 03/09/97.

[227] RS. TA. Ap. Cív. 197023328 - 3ª Câm. Cív. Rel. Dr. Aldo Ayres Torres. J. 06/08/97. Decisão Unânime.

[228] Idem.

[229] RS. TA. Ap. Cív. 197025356 - 7ª Câm. Cív. Rel. Dr. Roberto Expedito da Cunha Madrid. J. 06/08/97.

do BACEN (Resolução), que não tem valor suficiente para derrogar norma de hierarquia superior (lei), só vem confirmar a interpretação que se faz de que os contratos titulados de arrendamento mercantil que têm o VRG pago parceladamente, estão mascarando um outro contrato, não sendo pois de arrendamento mercantil, mas negócio de compra e venda. O entendimento demonstrado pelo BACEN, através da dita Resolução 2.309/96, embora no sentido de tentar buscar uma situação favorável às arrendadoras, na realidade traz subsumida verdadeira interpretação administrativa autêntica do desvirtuamento do contrato de arrendamento mercantil para promessa de compra e venda à prestação que se coaduna com a hermenêutica deste Colegiado".[230]

"Arrendamento Mercantil. Revisão do contrato. Caracterização da compra e venda pela antecipação do pagamento do resíduo. (...)".[231]

Preleciona o eminente relator:

"(...) Constata-se, assim, que não há como se caracterizar o contrato em tela como sendo de autêntico arrendamento mercantil, já que desde o início o autor vem pagando o valor residual, sendo inócua qualquer previsão contratual de exercer opções ao final, pois somente alguém afetado por prodigalidade deixaria de exercer a opção de compra do veículo após ter pago todo o valor residual ao longo do contrato, nada mais restando a pagar ao final.

Assim, se o autor está pagando para amortizar o capital juntamente com o valor residual, resta evidente que está ele, na verdade, pagando o preço de aquisição do bem, não se tratando de verdadeiro *leasing*.

Tal deve ser declarado, tendo presente que pouco importa o *nomen juris* que as partes tenham dado ao contrato, a sua natureza jurídica deve ser indeferida do efetivo teor das cláusulas avençadas e do que em concreto elas significam em sua operacionalidade. Assim, reconhece-se a descaracterização do contrato de arrendamento

---

[230] Idem.

[231] RS. TA. Ap. Cív. 196204945 - 4ª Câm. Cív. Rel. Dr. Moacir Leopoldo Haeser. J. 19/06/97.

Leasing - Aspectos Controvertidos
do Arrendamento Mercantil

mercantil (*leasing*), declarando-se que o contrato efetivamente realizado entre as partes é o de uma compra e venda a prestações".[232]

"Ação de revisão contratual. Arrendamento mercantil. Se, junto com as prestações do arrendamento do veículo, o arrendatário também passa a pagar o valor residual, resta descaracterizado o contrato de arrendamento mercantil, constituindo-se em operação de compra e venda à prestação (...)".[233]

"Ação de Revisão Contratual. Arrendamento Mercantil. (...) Se, junto com as prestações do arrendamento do veículo, a arrendatária também passa a pagar o valor residual, resta descaracterizado o contrato de arrendamento mercantil, constituindo-se em operação de compra e venda à prestação (...)".[234]

"Arrendamento Mercantil. Desfazimento do Contrato. Nulidade de cláusulas. Preço. Opção de compra. Valor residual garantido. Pagamento antecipado. Prestações vencidas. (...) É nula a cláusula que exige antecipadamente o pagamento do valor residual garantido quando ele corresponde ao preço para o exercício da opção de compra. (...)".[235]

---

[232] Idem.

[233] RS. TA. Embargos Infringentes 196102743 - Segundo Grupo Cível. Rel. Dr. Leo Lima. J. 20/06/97. Julgados 103, pp. 149-157.

[234] RS. TA. Ap. Cív. 196269856 - 3ª Câm. Cív. Rel. Dr. Leo Lima. J. 25/06/97. Julgados 103, pp. 235-243.

[235] RS. TA. Ap. Cív. 197002769 - 9ª Câm. Cív. Rel. Dra. Maria Isabel de Azevedo Souza. J. 01/04/97. Julgados 104, pp 351-355.

11

Conclusão

Pelo estudo que realizamos, podemos constatar que existirá a continuidade de pessoas procurando o pronunciamento do Judiciário pelo fato de terem firmado um contrato de *leasing*. Problemas estes mais relacionados ao custo do arrendamento mercantil.

Muitos compraram veículos quando os juros estavam em alta, e o mercado automobilístico, em baixa, estando a arrendatária a dever duas ou três vezes o valor do bem. Entendemos que a tendência é pela continuidade da discussão devido ao interesse dos arrendatários na busca de uma solução.

Mesmo com o grande número de revisionais tramitando, as instituições financeiras continuam a investir forte e pesado com campanhas publicitárias no que tange ao arrendamento mercantil. Isso se deve ao fato de que a concretização dessa operação representa um volume muito significativo na produção, ou seja, representa uma excelente rentabilidade. Além disso, os riscos são mínimos, pois a arrendatária assume toda a responsabilidade civil e penal pelas conseqüências de acidentes ou quaisquer eventos motivados pela posse do bem. Os que batem à porta do Judiciário são considerados uma minoria ínfima que não chega a afetar no equilíbrio da empresa. Além disso, muitos deles não conseguem levar o processo para as instâncias superiores devido aos altos custos e pela demora que isso representa. Acabam por

Leasing - Aspectos Controvertidos
do Arrendamento Mercantil

renegociar a dívida diante de inúmeras pressões pelas quais sofrem.

Diante de tal panorama, que indica a existência de uma realidade francamente diversa daquela que se supunha existir quando da construção dos postulados doutrinários da teoria geral clássica dos contratos, não mais se podem aplicar, de forma automática e mecânica, os ideais do voluntarismo jurídico e da obrigatoriedade das convenções. Percebe-se nitidamente o declínio dos chamados contratos paritários diante da mais nítida standartização dos contratos, que são previamente definidos através de cláusulas contratuais gerais, elaboradas por uma das partes contratantes e impostas à aceitação da outra parte, que normalmente não tem alternativa senão aceitar, em bloco, tais cláusulas.

Tais deveres surgem durante a execução do contrato e impõe às arrendatárias o dever de agir lisamente de forma a permitir que o outro contratante receba, de forma proveitosa e satisfatória, a sua prestação. Com base nesse princípio, pode-se também justificar a revisão judicial dos contratos diante de circunstâncias imprevistas que sobrevieram durante a execução do contrato, tornando desiguais as prestações das partes, rompendo, com isso, o equilíbrio contratual. Como conseqüência necessária, possibilita-se ao Judiciário o controle da comutatividade contratual.

É importante para analisarmos a situação nos libertarmos do liberalismo negocial e literalidade contratual para investigar profundamente a realidade social e jurídica existentes no momento da firmatura e da inexecução contratual, flagrando o rompimento da base negocial como gerador de injusto desequilíbrio judicialmente remediável.

Temos o modesto entendimento de que o intérprete não pode ler a Constituição com os olhos cansados do autoritarismo e do aproveitamento especulativo. De nada adianta Poder Constituinte se vamos ler as normas com a velha visão de quem não quer mudanças e resiste a qualquer inovação, buscando pretextos para descumprir a Lei Maior. Qualquer um, em sã consciência, tem condições de avaliar que a pretensão do constituinte foi de incluir os juros de até 12% a.a., a qualquer cobrança relativa à concessão de crédito, corroborando com a taxa limitadora do Código Civil e da Lei de Usura.

Restou comprovado, através dos acórdãos citados, que o Judiciário, na sua missão constitucional, tantas vezes incompreendida, não pode ignorar ou tergiversar com o texto da Lei Maior, e, tão grave igualmente, dar guarida a pressões as mais variadas, decorrentes do capital especulativo.

Dentro dessa confusão no ambiente econômico-financeiro, quem nunca perdeu foram os bancos, porque sempre inseriram todos os encargos possíveis exagerando nas exigências, exatamente visando a ganhar sempre mais. O Código de Defesa do Consumidor, felizmente, veio corrigir uma série de falhas, dando uma nova visão interpretativa ao art. 115 do CC, que reprime a imposição unilateral de uma obrigação.

O que tem se visto é uma desproporcionalidade entre a obrigação assumida, o próprio bem e os valores exigidos. Pensamos que deveria existir uma lei específica que regesse a matéria, pois a atual Lei 6.099/74 foi criada no intuito de disciplinar o tratamento tributário da operação de arrendamento mercantil e não foi suficiente para resolver os impasses jurídicos que têm ocorrido diante da legislação constitucional e infraconstitucional.

Procuramos demonstrar que no contrato de arrendamento mercantil o aderente nem sequer tem condições ou possibilidades de discutir uma cláusula. A pretensão é de que sejam obedecidos os critérios de equilíbrio e de respeito entre as partes sem que prevaleça circunstancialmente uma sobre a outra, a fim de que o direito surja como solução.

Leasing - Aspectos Controvertidos
do Arrendamento Mercantil

Deste modo, restou corroborada a hipótese inicial no sentido de que os contratos de arrendamento mercantil, nos moldes em que são celebrados, provocaram e continuam gerando diversos danos econômicos aos arrendatários. Razão esta que justificou, plenamente, a intervenção do juiz no exame destes contratos, a fim de que fosse restaurado o equilíbrio mais satisfatório possível entre os contratantes, demonstrando, assim, estar superada a doutrina conservadora sobre esta matéria.

12

egislação

12.1. Regulamentação do Arrendamento Mercantil

12.1.1. Lei nº 6.099, de 12 de setembro de 1974

Dispõe sobre o tratamento tributário das operações de arrendamento mercantil, e dá outras providências.

O Presidente da República,
Faço saber que o Congresso Nacional decreta e eu sanciono a seguinte Lei:

Art. 1º - O tratamento tributário das operações de arrendamento mercantil reger-se-á pelas disposições desta lei.

Parágrafo único - Considera-se arrendamento mercantil a operação realizada entre pessoas jurídicas, que tenha por objeto o arrendamento de bens adquiridos a terceiros pela arrendadora, para fins de uso próprio da arrendatária e que atendam às especificações desta.

Art. 2º - Não terá o tratamento previsto nesta lei o arrendamento de bens contratado entre pessoas jurídicas direta ou indiretamente coligadas ou interdependentes, assim como o contratado com o próprio fabricante.

§ 1º - O Conselho Monetário Nacional especificará em regulamento os casos de coligação e interdependência.

§ 2º - Somente farão jus ao tratamento previsto nesta lei as operações realizadas ou por empresas arrendadoras que fizerem dessa operação o objeto principal de sua atividade ou que centralizarem tais operações em um departamento especializado com escrituração própria.

Art. 3º - Serão escriturados em conta especial do ativo imobilizado da arrendadora os bens destinados a arrendamento mercantil.

Art. 4º - A pessoa jurídica arrendadora manterá registro individualizado que permita a verificação do fator determinante da receita e do tempo efetivo de arrendamento.

Art. 5º - Os contratos de arrendamento mercantil conterão as seguintes disposições:

a) prazo do contrato;

b) valor de cada contraprestação por períodos determinados, não superiores a um semestre;

c) opção de compra ou renovação de contrato, como faculdade do arrendatário;

d) preço para opção de compra ou critério para sua fixação, quando for estipulada esta cláusula.

Art. 6º - O Conselho Monetário Nacional poderá estabelecer índices máximos para a soma das contraprestações, acrescidas do preço para exercício da opção da compra nas operações de arrendamento mercantil.

§ 1º - Ficam sujeitas à regra deste artigo as prorrogações do arrendamento nele referido.

§ 2º - Os índices de que trata este artigo serão fixados, considerando o custo do arrendamento em relação ao do financiamento da compra e venda.

Art. 7º -Todas as operações de arrendamento mercantil subordinam-se ao controle e fiscalização do Banco Central do Brasil, segundo normas estabelecidas pelo Conselho Monetário Nacional, a elas se aplicando, no que couber, as disposições da Lei 4.595, de 31.12.64, e legislação posterior relativa ao Sistema Financeiro Nacional.

Art. 8º - O Conselho Monetário Nacional poderá baixar resolução disciplinando as condições segundo as quais as instituições financeiras poderão financiar suas coligadas ou interdependentes, que se especializarem em operações de arrendamento mercantil.

Art. 9º - As operações de arrendamento mercantil contratadas com o próprio vendedor do bem ou com pessoas jurídicas a ele vinculadas, mediante qualquer das relações previstas no art. 2º desta lei, poderão enquadrar-se no tratamento tributário previsto nesta lei.

§ 1º - Serão privativas das instituições financeiras as operações de que trata este artigo.

§ 2º - O Conselho Monetário Nacional estabelecerá as condições para a realização das operações previstas neste artigo.

§ 3º - Nos casos deste artigo, não se admitirá a dedução do prejuízo decorrente da venda dos bens, quando da apuração do lucro tributável pelo Imposto sobre a Renda.

Art. 10 - Somente poderão ser objeto de arrendamento mercantil os bens de produção estrangeira que forem enumerados pelo Conselho Monetário Nacional, que poderá, também, estabelecer condições para seu arrendamento a empresas cujo controle acionário pertencer a pessoas residentes no Exterior.

Art. 11 - Serão consideradas como custo ou despesa operacional da pessoa jurídica arrendatária as contraprestações pagas ou creditadas por força do contrato de arrendamento mercantil.

§ 1º - A aquisição pelo arrendatário de bens arrendados em desacordo com as disposições desta Lei, será considerada operação de compra e venda a prestação.

§ 2º - O preço de compra e venda, no caso do parágrafo anterior, será o total das contraprestações pagas durante a vigência do arrendamento, acrescido da parcela paga a título de preço de aquisição.

§ 3º - Na hipótese prevista no parágrafo primeiro deste artigo, as importâncias já deduzidas, como custo ou despesa operacional pela adquirente, acrescerão ao lucro tributável pelo Imposto sobre a Renda, no exercício correspondente à respectiva dedução.

§ 4º - O imposto não recolhido na hipótese do parágrafo anterior, será devido com o acréscimo de juros e correção monetária, multa e demais penalidades legais.

Art. 12. Serão admitidas como custos das pessoas jurídicas arrendadoras as cotas de depreciação do preço de aquisição de bem arrendado, calculadas de acordo com a vida útil do bem.

§ 1º - Entende-se por vida útil do bem o prazo durante o qual se possa esperar a sua efetiva utilização econômica.

§ 2º - A Secretaria da Receita Federal publicará periodicamente o prazo de vida útil admissível, em condições normais, para cada espécie de bem.

§ 3º - Enquanto não forem publicados os prazos de vida útil de que trata o parágrafo anterior, a sua determinação se fará segundo as normas

Leasing - Aspectos Controvertidos
do Arrendamento Mercantil

previstas pela legislação do Imposto sobre a Renda para a fixação da taxa de depreciação.

Art. 13 - Nos casos de operações de vendas de bens que tenham sido objeto de arrendamento mercantil, o saldo não depreciado será admitido como custo para efeito de apuração do lucro tributável pelo Imposto sobre a Renda.

Art. 14 - Não será dedutível, para fins de apuração do lucro tributável pelo Imposto sobre a Renda, a diferença a menor entre o valor contábil residual do bem arrendado e o seu preço de venda, quando do exercício da opção de compra.

Art. 15 - Exercida a opção de compra pelo arrendatário, o bem integrará o ativo fixo do adquirente pelo seu custo de aquisição.

Parágrafo único. Entende-se como custo de aquisição para os fins deste artigo, o preço pago pelo arrendatário ao arrendador pelo exercício da opção de compra.

Art. 16 - Os contratos de arrendamento mercantil celebrados com entidades com sede no Exterior serão submetidos a registro no Banco Central do Brasil.

§ 1º - O Conselho Monetário Nacional estabelecerá as normas para a concessão do registro a que se refere este artigo observando as seguintes condições:

a) razoabilidade da contraprestação;

b) critério para fixação da vida útil do bem objeto do arrendamento;

c) compatibilidade do prazo de arrendamento do bem com a sua vida útil;

d) relação entre o preço internacional de comercialização e o custo total do arrendamento;

e) fixação do preço para a opção de compra;

f) outras cautelas ditadas pela política econômico-financeira nacional.

§ 2º - É vedada a fixação de critérios condicionais na determinação do preço para opção de compra, quando a arrendadora for entidade com sede no Exterior.

Art. 17 - A entrada no território nacional dos bens objeto de arrendamento mercantil, contratado com entidades arrendadoras com sede no Exterior, não se confunde com o regime de admissão temporária de que trata o Dec.-lei 37, de 18.11.66, e se sujeitará a todas as normas legais que regem a importação.

Art. 18 - A base de cálculo, para efeito do Imposto sobre Produtos Industrializados, do fato gerador que ocorre por ocasião da remessa de bens importados ao estabelecimento da empresa arrendatária, corresponde ao preço por atacado desse bem na praça em que a empresa arrendadora estiver sediada.

§ 1º - A saída de bens importados com isenção de imposto ficará isenta da incidência a que se refere o *caput* desse artigo.

§ 2º - Nas hipóteses em que o preço dos bens importados para o fim de arrendamento for igual ou superior ao que teria pago pelo arrendatário se os importasse diretamente, a base de cálculo mencionado no *caput* deste artigo será o valor que servir de base para o recolhimento do Imposto sobre Produtos Industrializados, por ocasião do desembaraço alfandegário desses bens.

Art. 19 - Fica equiparada à exportação a compra e venda de bens no mercado interno, para o fim específico de arrendamento pelo comprador a arrendatário domiciliado no Exterior.

Art. 20 - São assegurados ao vendedor dos bens de que trata o artigo anterior todos os benefícios fiscais concedidos por lei para incentivo à exportação, observadas as condições de qualidade da pessoa do vendedor e outras exigidas para os casos de exportação direta ou indireta.

§ 1º - Os benefícios fiscais de que trata este artigo serão concedidos sobre o equivalente em moeda nacional de garantia irrevogável do pagamento das contraprestações do arrendamento contratado, limitada a base de cálculo ao preço da compra e venda.

§ 2º - Para os fins do parágrafo anterior, a equivalência em moeda nacional será determinada pela maior taxa de câmbio do dia da utilização dos benefícios fiscais.

Art. 21 - O Ministro da Fazenda poderá estender aos arrendatários de máquinas, aparelhos e equipamentos de produção nacional objeto de arrendamento mercantil, os benefícios de que trata o Dec.-lei 1.136, de 7.12.70.

Art. 22 - As pessoas jurídicas que estiverem operando com arrendamento de bens, e que se ajustarem às disposições desta Lei dentro de 180 dias, a contar da sua vigência, terão as suas operações regidas por este diploma legal, desde que ajustem convenientemente os seus contratos, mediante instrumentos de aditamento.

Art. 23 - Fica o Conselho Monetário Nacional autorizado a: a) baixar normas que visem à estabelecer mecanismos reguladores das atividades previstas nesta lei, inclusive excluir modalidades de operações do trata-

Leasing - Aspectos Controvertidos
do Arrendamento Mercantil

mento nela previsto; b) enumerar restritivamente os bens que não poderão ser objeto de arrendamento mercantil, tendo em vista a política econômico-financeira do País.

Art. 24 - Esta lei entra em vigor na data de sua publicação, revogadas as disposições em contrário.

Ernesto Geisel - Presidente da República.

Mário Henrique Simonsen.

João Paulo dos Reis Velloso.

12.1.2. Lei nº 7.132, de 26 de outubro de 1983

Altera a Lei 6.099, de 12.9.74, que dispõe sobre o tratamento tributário de arrendamento mercantil, e dá outras providências, e o Decreto-Lei nº 1.811, de 27.10.80.

O Presidente da República.

Faço saber que o Congresso Nacional decreta e eu sanciono a seguinte Lei:

Art. 1º - A Lei 6.099, de 12.9.74, passa a vigorar com as seguintes alterações:

I - dê-se nova redação ao parágrafo único do art. 1º.

"Art. 1º. ...

"Parágrafo único. Considera-se arrendamento mercantil, para os efeitos desta Lei, o negócio jurídico realizado entre pessoa jurídica, na qualidade de arrendatária, e que tenha por objeto o arrendamento de bens adquiridos pela arrendadora, segundo especificações da arrendatária e para uso próprio desta".

II - acrescente-se parágrafo único ao art. 5º.

"Art. 5º. ....

a) ...

b) ...

c) ...

d) ...

Parágrafo único. Poderá o Conselho Monetário Nacional, nas operações que venha a definir, estabelecer que as contraprestações sejam estipuladas por períodos superiores aos previstos na alínea *b* deste artigo".

III - dê-se nova redação aos arts. 9, 16 e 17, ao *caput* do art. 18 e alínea "a" do art. 23:

"Art. 9º - As operações de arrendamento mercantil contratadas com o próprio vendedor do bem ou com pessoas jurídicas a ele vinculadas, mediante quaisquer das relações previstas no art. 2º desta lei, poderão também ser realizadas por instituições financeiras expressamente autorizadas pelo Conselho Monetário Nacional, que estabelecerá as condições para a realização das operações previstas neste artigo.

Parágrafo único. Nos casos deste artigo, o prejuízo decorrente da venda do bem não será dedutível na determinação do lucro real."

...

Art. 16 - Os contratos de arrendamento mercantil celebrados com entidades domiciliadas no exterior serão submetidos a registro no Banco Central do Brasil.

§ 1º - O Conselho Monetário Nacional estabelecerá as normas para a concessão do registro a que se refere este artigo, observando as seguintes condições:

a) razoabilidade da contraprestação e de sua composição;

b) critérios para fixação do prazo de vida útil do bem;

c) compatibilidade do prazo de arrendamento do bem com a sua vida útil;

d) relação entre o preço internacional do bem e o custo total do arrendamento;

e) cláusula de opção de compra ou renovação do contrato;

f) outras cautelas ditadas pela política econômico-financeira nacional.

§ 2º - Mediante prévia autorização do Banco Central do Brasil, segundo normas para este fim expedidas pelo Conselho Monetário Nacional, os bens objeto das operações de que trata este artigo poderão ser arrendados a sociedades arrendadoras domiciliadas no País, para o fim de subarrendamento.

§ 3º - Estender-se-ão ao subarrendamento as normas aplicáveis aos contratos de arrendamento mercantil celebrados com entidades domiciliadas no exterior.

§ 4º - No subarrendamento poderá haver vínculo de coligação ou de interdependência entre a entidade domiciliada no exterior e a sociedade arrendatária subarrendadora, domiciliada no País.

§ 5º - Mediante as condições que estabelecer, o Conselho Monetário Nacional poderá autorizar o registro de contratos sem cláusula de opção de compra, bem como fixar prazos mínimos para as operações previstas neste artigo.

Art. 17. A entrada no Território Nacional dos bens objeto de arrendamento mercantil, contratado com entidades arrendadoras domiciliadas no exterior, não se confunde com o regime de admissão temporária de que trata o Dec.-lei 37, de 18.11.66, e se sujeitará a todas as normas legais que regem a importação.

Art. 18. A base de cálculo, para efeito do Imposto sobre Produtos Industrializados, do fato gerador que ocorrer por ocasião da remessa de bens importados ao estabelecimento da empresa arrendatária, corresponderá ao preço por atacado desse bem na praça em que a empresa arrendadora estiver domiciliada.

§ 1º - ...

§ 2º - ...

...

Art. 23 ...

a) expedir normas que visem à estabelecer mecanismos reguladores das atividades previstas nesta lei, inclusive excluir modalidades de operações do tratamento nela previsto e limitar ou proibir sua prática por determinadas categorias de pessoas físicas ou jurídicas;

"b) ...

Art. 2º - O atual art. 24 fica renumerado para art. 25, passando a figurar como art. 24 o seguinte:

"Art. 24. A cessão do contrato de arrendamento mercantil à entidade domiciliada no exterior reger-se-á pelo disposto nesta lei e dependerá de prévia autorização do Banco Central do Brasil, conforme normas expedidas pelo Conselho Monetário Nacional.

Parágrafo único - Observado o disposto neste artigo, poderão ser transferidos, exclusiva e independentemente da cessão do contrato, os direitos de crédito relativos às contraprestações devidas."

Art. 3º - O *caput* do art. 1º, do Decreto-Lei 1.811, de 27.10.80, passa a vigorar com a seguinte redação:

"Art. 1º - O Conselho Monetário Nacional poderá, para cada tipo de operação que venha a definir, reduzir até zero, ou restabelecer, total ou parcialmente, a alíquota do Imposto sobre a Renda incidente na fonte sobre o valor das remessas para o exterior, quando decorrentes de contratos de arrendamento mercantil de bens de capital celebrados com entidades domiciliadas no exterior."

Art. 4º - Esta lei entra em vigor na data de sua publicação.

Art. 5º - Revogam-se as disposições em contrário.

João Figueiredo - Presidente da República.

Ernane Galvêas.

Antonio Delfim Netto.

João Camilo Penna.

12.1.3. Resolução nº 2.309, de 28 de agosto de 1996

Disciplina e consolida as normas relativas às operações de arrendamento mercantil.

O Banco Central do Brasil, na forma do art. 9º da Lei nº 4.595, de 31.12.64, torna público que o Conselho Monetário Nacional, em sessão realizada em 28.08.96, com base no disposto na Lei nº 6.099, de 12.09.74, com as alterações introduzidas pela Lei nº 7.132, de 26.10.83, resolveu:

Art. 1º - Aprovar o Regulamento anexo, que disciplina a modalidade de arrendamento mercantil operacional, autoriza a prática de operações de arrendamento mercantil com pessoas físicas em geral e consolida normas a respeito de arrendamento mercantil financeiro.

Art. 2º - Fica o Banco Central do Brasil autorizado a adotar medidas e baixar as normas julgadas necessárias à execução do disposto nesta Resolução.

Art. 3º - Esta Resolução entra em vigor na data de sua publicação.

Art. 4º - Ficam revogadas as Resoluções nºs 980, de 13.12.84, 1.452, de 15.01.88, 1.474, de 29.03.88, 1.681, de 31.01.90, 1.686, de

21.02.90, e 1.769, de 28.11.90, o art. 2º da Resolução nº 2.276, de 30.04.96, as Circulares nºs 903, de 14.12.84, 2.064, de 17.10.91, e o art. 2º da Circular nº 2.706, de 18.07.96.

Gustavo Jorge Laboissière Loyola
Presidente.

ANEXO

CAPÍTULO I
Da prática de Arrendamento Mercantil

Art. 1º - As operações de arrendamento mercantil com o tratamento tributário previsto na Lei 6.099, de 12.09.74, alterada pela Lei 7.132, de 26.10.83, somente podem ser realizadas por pessoas jurídicas que tenham como objeto principal de sua atividade a prática de operações de arrendamento mercantil, pelos bancos múltiplos com carteira de arrendamento mercantil e pelas instituições financeiras que, nos termos do art. 13 deste Regulamento, estejam autorizadas a contratar operações de arrendamento com o próprio vendedor do bem ou com pessoas jurídicas a ele coligadas ou interdependentes.

Parágrafo único. As operações previstas neste artigo podem ser dos tipos financeiro e operacional.

Art. 2º - Para a realização das operações previstas neste Regulamento, as sociedades de arrendamento mercantil e as instituições financeiras citadas no artigo anterior devem manter departamento técnico devidamente estruturado e supervisionado diretamente por um dos seus diretores.

Parágrafo único. As sociedades e instituições devem comunicar à Delegacia Regional do Banco Central do Brasil a que estiverem jurisdicionadas o nome do diretor responsável pela área de arrendamento mercantil.

CAPÍTULO II
Da Constituição e do Funcionamento das
Sociedades de Arrendamento Mercantil.

Art. 3º - A constituição e o funcionamento das pessoas jurídicas que tenham como objeto principal de sua atividade a prática de operações de arrendamento mercantil, denominadas sociedades de arrendamento mercantil, dependem de autorização do Banco Central do Brasil.

Art. 4º - As sociedades de arrendamento mercantil devem adotar a forma jurídica de sociedades anônimas e a elas se aplicam, no que couber, as mesmas condições estabelecidas para o funcionamento de instituições financeiras na Lei nºs 4.595, de 31.12.64, e legislação posterior relativa ao Sistema Financeiro Nacional, devendo constar obrigatoriamente de sua denominação social a expressão "Arrendamento Mercantil".

Parágrafo único - A expressão "Arrendamento Mercantil" na denominação ou razão social é privativa das sociedades de que trata este artigo.

CAPÍTULO III
Das modalidades de Arrendamento Mercantil.

Art. 5º - Considera-se arrendamento mercantil financeiro a modalidade em que:

I - as contraprestações e demais pagamentos previstos no contrato, devidos pela arrendatária, sejam normalmente suficientes para que a arrendadora recupere o custo do bem arrendado durante o prazo contratual da operação e, adicionalmente, obtenha um retorno sobre os recursos investidos;

II - as despesas de manutenção, assistência técnica e serviços correlatos à operacionalidade do bem arrendado sejam de responsabilidade da arrendatária;

III - o preço para o exercício da opção de compra seja livremente pactuado, podendo ser, inclusive, o valor de mercado do bem arrendado.

Art. 6º - Considera-se arrendamento mercantil operacional a modalidade em que:

I - as contraprestações a serem pagas pela arrendatária contemplem o custo de arrendamento do bem e os serviços inerentes à sua colocação à disposição da arrendatária, não podendo o total do pagamento da espécie ultrapassar 75% (setenta e cinco por cento) do custo do bem arrendado;

II - as despesas de manutenção, assistência técnica e serviços correlatos à operacionalidade do bem arrendado sejam de responsabilidade da arrendadora ou da arrendatária;

III - o preço para o exercício da opção de compra seja o valor de mercado do bem arrendado.

Parágrafo único - As operações de que trata este artigo são privativas dos bancos múltiplos com carteira de arrendamento mercantil e das sociedades de arrendamento mercantil.

Leasing - Aspectos Controvertidos
do Arrendamento Mercantil

CAPÍTULO IV
Dos contratos de Arrendamento

Art. 7º - Os contratos de arrendamento mercantil devem ser formalizados por instrumento público ou particular, devendo conter, no mínimo, as especificações abaixo relacionadas:

I - a descrição dos bens que constituem o objeto do contrato, com todas as características que permitam sua perfeita identificação;

II - o prazo de arrendamento;

III - o valor das contraprestações ou a fórmula de cálculo das contraprestações, bem como o critério para seu reajuste;

IV - a forma de pagamento das contraprestações por períodos determinados, não superiores à 1 (um) semestre, salvo no caso de operações que beneficiem atividades rurais, quando o pagamento pode ser fixado por períodos não superiores a 1 (um) ano;

V - as condições para o exercício por parte da arrendatária do direito de optar pela renovação do contrato, pela devolução dos bens ou pela aquisição dos bens arrendados;

VI - a concessão à arrendatária de opção de compra dos bens arrendados, devendo ser estabelecido o preço para seu exercício ou critério utilizável na sua fixação;

VII - as despesas e os encargos adicionais, inclusive despesas de assistência técnica, manutenção e serviços inerentes à operacionalidade dos bens arrendados, admitindo-se, ainda, para o arrendamento mercantil financeiro;

a) a previsão de a arrendatária pagar valor residual garantido em qualquer momento durante a vigência do contrato, não caracterizando o pagamento do valor residual garantido o exercício da opção de compra;

b) o reajuste do preço estabelecido para a opção de compra e o valor residual garantido;

VIII - as condições para eventual substituição dos bens arrendados, inclusive na ocorrência de sinistro, por outros da mesma natureza, que melhor atendam às conveniências da arrendatária, devendo a substituição ser formalizada por intermédio de aditivo contratual;

IX - as demais responsabilidades que vierem a ser convencionadas, em decorrência de:

a) uso indevido ou impróprio dos bens arrendados;

b) seguro previsto para cobertura de risco dos bens arrendados;

c) danos causados a terceiros pelo uso dos bens;

d) ônus advindos de vícios dos bens arrendados;

X - a faculdade de a arrendadora vistoriar os bens objeto do arrendamento e de exigir da arrendatária a adoção de providências indispensáveis à preservação da integridade dos referidos bens;

XI - as obrigações da arrendatária, nas hipóteses de inadimplemento, destruição, perecimento ou desaparecimento dos bens arrendados;

XII - a faculdade de a arrendatária transferir a terceiros no País, desde que haja anuência expressa da entidade arrendadora, os seus direitos e obrigações decorrentes do contrato, com ou sem co-responsabilidade solidária.

Art. 8º - Os contratos devem estabelecer os seguintes prazos mínimos de arrendamento:

I - para o arrendamento mercantil financeiro:

a) 2 (dois) anos, compreendidos entre a data de entrega dos bens à arrendatária, consubstanciada em termo de aceitação e recebimento dos bens, e a data de vencimento da última contraprestação, quando se tratar de arrendamento de bens com vida útil igual ou inferior a 5 (cinco) anos;

b) 3 (três) anos, observada a definição do prazo constante da alínea anterior, para o arrendamento de outros bens;

II - para o arrendamento mercantil operacional, 90 dias.

Art. 9º - Os contratos de arrendamento mercantil de bens cuja aquisição tenha sido efetuada com recursos provenientes de empréstimos contraídos, direta ou indiretamente, no exterior devem ser firmados com cláusula de variação cambial.

Art. 10 - A operação de arrendamento mercantil será considerada como de compra e venda a prestação se a opção de compra for exercida antes de decorrido o respectivo prazo mínimo estabelecido no artigo 8º deste Regulamento.

CAPÍTULO V
Das operações de Arrendamento

Art. 11 - Podem ser objeto de arrendamento bens móveis, de produção nacional ou estrangeira, e bens imóveis adquiridos pela entidade arrendadora para fins de uso próprio da arrendatária, segundo as especificações desta.

Art. 12 - É permitida a realização de operações de arrendamento mercantil com pessoas físicas e jurídicas, na qualidade de arrendatárias.

Art. 13 - As operações de arrendamento mercantil contratadas com o próprio vendedor do bem ou com pessoas a ele coligadas ou interdepen-

Leasing - Aspectos Controvertidos
do Arrendamento Mercantil

dentes somente podem ser contratadas na modalidade de arrendamento mercantil financeiro, aplicando-se a elas as mesmas condições fixadas neste Regulamento.

§ 1º - As operações de que trata este artigo somente podem ser realizadas com pessoas jurídicas, na condição de arrendatárias.

§ 2º - Os bancos múltiplos com carteira de investimento, de desenvolvimento e/ou de crédito imobiliário, os bancos de investimento, os bancos de desenvolvimento, as caixas econômicas e as sociedades de crédito imobiliário também podem realizar as operações previstas neste artigo.

Art. 14 - É permitido à entidade arrendadora, nas hipóteses de devolução ou recuperação dos bens arrendados:

I - conservar os bens em seu ativo imobilizado, pelo prazo máximo de 2 (dois) anos;

II - alienar ou arrendar a terceiros os referidos bens.

Parágrafo único. O disposto neste artigo aplica-se também aos bens recebidos em dação em pagamento.

CAPÍTULO VI
Do subarrendamento

Art. 15 - Os bancos múltiplos com carteira de arrendamento mercantil e as sociedades de arrendamento mercantil podem realizar operações de arrendamento com entidades domiciliadas no exterior, com vistas unicamente ao posterior subarrendamento dos bens a pessoas jurídicas, no País.

Parágrafo único. As operações de arrendamento previstas neste artigo estão sujeitas a registro no Banco Central do Brasil.

Art. 16 - É facultada aos bancos múltiplos com carteira de arrendamento mercantil e às sociedades de arrendamento mercantil a aquisição, no mercado interno, de direitos e obrigações decorrentes de contratos de arrendamento celebrados com entidades no exterior, com a finalidade exclusiva de posterior subarrendamento dos bens, nos termos do artigo anterior.

Art. 17 - São vedadas as operações de subarrendamento quando houver coligação, direta ou indireta, ou interdependência entre a arrendadora domiciliada no exterior e a subarrendatária domiciliada no País, nos termos do art. 27 deste Regulamento.

Art. 18 - Os bancos múltiplos com carteira de arrendamento mercantil e as sociedades de arrendamento mercantil devem repassar às subarrendatárias domiciliadas no País, em contratos de arrendamento mercantil financeiro, realizados nos termos deste Regulamento, todos os custos, taxas, impostos, comissões, outras despesas relativas à obtenção do bem arrendado e demais condições pactuadas no contrato firmado com as entidades do exterior, acrescidos de sua remuneração, inclusive aquelas referentes à eventual aquisição dos direitos e obrigações de contratos, podendo tais despesas e encargos ser incorporados ao custo do bem arrendado.

CAPÍTULO VII
Das Fontes de Recursos

Art. 19 - As sociedades de arrendamento mercantil podem empregar em suas atividades, além de recursos próprios, os provenientes de:

I - empréstimos contraídos no exterior;

II - empréstimos e financiamentos de instituições financeiras nacionais, inclusive de repasses de recursos externos;

III - instituições financeiras oficiais, destinados a repasses de programas específicos;

IV - colocação de debêntures de emissão pública ou particular e de notas promissórias destinadas à oferta pública;

V- cessão de contratos de arrendamento mercantil, bem como dos direitos creditórios deles decorrentes;

VI - depósitos interfinanceiros, nos termos da regulamentação em vigor;

VII - outras formas de captação de recursos, autorizadas pelo Banco Central do Brasil.

Art. 20 - As sociedades de arrendamento mercantil e as instituições financeiras autorizadas à prática de operações previstas neste Regulamento podem contratar empréstimos no exterior, com as seguintes finalidades:

I - obtenção de recursos para aquisição de bens para fins de arrendamento;

II - aquisição de direitos creditórios decorrentes de contratos de arrendamento mercantil que contenham cláusula de variação cambial;

III - aquisição de contratos de arrendamento mercantil que contenham cláusula de variação cambial, observado o contido no art. 22 deste Regulamento.

Art. 21 - As sociedades de arrendamento mercantil podem contratar empréstimos, financiamentos, repasse de recursos e prestação de garan-

Leasing - Aspectos Controvertidos
do Arrendamento Mercantil

tias com instituições financeiras controladoras, coligadas ou interdependentes, observado que os respectivos encargos devem ser os normalmente cobrados em operações da espécie, realizadas com terceiros.

Art. 22 - As operações de cessão e aquisição de contratos de arrendamento, no mercado interno, exceto as referidas no art. 13 deste Regulamento, são restritas aos bancos múltiplos com carteira de arrendamento mercantil e às sociedades de arrendamento mercantil.

Parágrafo único. É facultada a cessão e a aquisição de contratos de que trato o art. 13 deste Regulamento entre as instituições autorizadas a praticar essa modalidade de operação.

Art. 23 - A aquisição de contratos de arrendamento mercantil cujos bens arrendados tenham sido adquiridos com recursos de empréstimos externos ou que contenham cláusula de variação cambial, bem como dos direitos creditórios deles decorrentes, somente pode ser realizada com a utilização de recursos de empréstimos obtidos no exterior.

Art. 24 - As sociedades de arrendamento mercantil podem oferecer, em garantia de empréstimos que contraírem nos mercados interno ou externo, a caução de direitos creditórios de contratos de arrendamento mercantil.

Art. 25 - A cessão de contratos de arrendamento mercantil, bem como dos direitos creditórios deles decorrentes, a entidades domiciliadas no exterior, depende de prévia autorização do Banco Central do Brasil.

Art. 26 - Os bancos múltiplos com carteira de investimento ou de desenvolvimento, os bancos de investimento e os bancos de desenvolvimento podem utilizar recursos oriundos de empréstimos externos, contraídos nos termos da Resolução nº 63, de 21.08.67, em operações de arrendamento mercantil de que trata o art. 13 deste Regulamento.

§ 1º - As operações realizadas nos termos deste artigo somente podem ser contratadas tendo como arrendatárias pessoas jurídicas.

§ 2º - A parcela dos recursos externos que foi amortizada pelo pagamento das contraprestações pode ser utilizada em novas operações de arrendamento mercantil, em repasses a clientes ou em aplicações alternativas autorizadas para os recursos externos destinados a repasses.

§ 3º - Respeitados os prazos mínimos previstos no art. 8, inciso I, deste Regulamento, as operações referidas neste artigo somente podem ser realizadas por prazos iguais ou inferiores ao da amortização final do empréstimo contratado no exterior, cujos recursos devem permanecer no País consoante as condições de prazo de pagamento no exterior que forem admitidas pelo Banco Central do Brasil na época da autorização de seu ingresso.

CAPÍTULO VIII

Da Coligação e Interdependência

Art. 27 - Para os fins do art. 2º, § 1º, da Lei nº 6.099, de 12.09.74, e deste Regulamento, considera-se coligada ou interdependente a pessoa:

I - em que a entidade arrendadora participe, direta ou indiretamente, com 10% (dez por cento) ou mais do capital;

II - em que administradores da entidade arrendadora, seus cônjuges e respectivos parentes até o segundo grau participem, em conjunto ou isoladamente, com 10% (dez por cento) ou mais do capital, direta ou indiretamente;

III - em que acionistas com 10% (dez por cento) ou mais do capital da entidade arrendadora participem com 10% (dez por cento) ou mais do capital, direta ou indiretamente;

IV - que participar com 10% (dez por cento) ou mais do capital da entidade arrendadora, direta ou indiretamente;

V - cujos administradores, seus cônjuges e respectivos parentes até o segundo grau participem, em conjunto ou isoladamente, com 10% (dez por cento) ou mais do capital da entidade arrendadora, direta ou indiretamente;

VI - cujos sócios, quotistas ou acionistas com 10% (dez por cento) ou mais do capital participem também do capital da entidade arrendadora com 10% (dez por cento) ou mais de seu capital, direta ou indiretamente;

VII - cujos administradores, no todo ou em parte, sejam os mesmos da entidade arrendadora.

CAPÍTULO IX

Vedações

Art. 28 - As sociedades de arrendamento mercantil e às instituições financeiras citadas no art. 13 deste Regulamento é vedada a contratação de operações de arrendamento mercantil com:

I - pessoas físicas e jurídicas coligadas ou interdependentes;

II - administradores da entidade e seus respectivos cônjuges e parentes até o segundo grau;

III - o próprio fabricante do bem arrendado.

Leasing - Aspectos Controvertidos
do Arrendamento Mercantil

143

Art. 29 - É vedada às sociedades de arrendamento mercantil a celebração de contratos de mútuo com pessoas físicas e jurídicas não financeiras.

CAPÍTULO X

Disposições finais

Art. 30 - O Banco Central do Brasil poderá fixar critérios de distribuição de contraprestações de arrendamento durante o prazo contratual, tendo em vista o adequado atendimento dos prazos mínimos fixados no art. 8 deste Regulamento.

Art. 31 - As disponibilidades das sociedades de arrendamento mercantil, quando não mantidas em espécie, podem ser livremente aplicadas no mercado, observados os limites e demais normas regulamentares pertinentes a cada espécie de aplicação financeira.

Art. 32 - Aplicam-se às sociedades de arrendamento mercantil as normas em vigor para as instituições financeiras em geral, no que diz respeito à competência privativa do Banco Central do Brasil para a concessão das autorizações previstas no inciso X do art. 10 da Lei nº 4.595, de 31.12.64, bem como para aprovar a posse no exercício de quaisquer cargos na administração das referidas sociedades, inclusive em órgãos consultivos, fiscais ou semelhantes, nos termos da referida legislação e regulamentação posterior.

Art. 33 - As operações que se realizarem em desacordo com as disposições deste Regulamento não se caracterizam como de arrendamento mercantil. (Of. nº 2635/96).

Bibliografia

Livros

ANDRADE, Jorge Pereira. *Contratos de franquia e leasing.* São Paulo: Atlas, 1993.

BONFANTI, Mario A. *Contratos Bancários.* Buenos Aires: Abeledo Perrot, 1994.

BRIZ, J. Santos. *Derecho Económico y Derecho Civil.* Madrid: Editorial Revista de Derecho Privado, 1963.

BULGARELLI, Waldirio. *Contratos Mercantis,* 2ª ed. São Paulo: Atlas, 1981.

BUONOCORE, Vincenzo, ALDERIGHI, Massimo, FANTOZZI, Augusto *et alii. El leasing. Aspectos privatisticos y tributários.* Buenos Aires: Abeledo Perrot, 1975.

COUTO, Hugo Rangel. *El derecho economico.* México: Editorial Porruá, 1980.

DINIZ, Maria Helena. *Tratado Teórico e prático.* Vol. 2, São Paulo: Saraiva, 1995.

FABRÍCIO, Adroaldo F.; LIPPEL, Alexandre G.; DALL'AGNOL JUNIOR, Antonio. *et alii. Inovações do Código de Processo Civil.* Porto Alegre: Livraria do Advogado, 1996.

GASTALDI, José María. *Qué es el leasing?* Buenos Aires: Editora Abeledo Perrot, 1995.

GOMES, Orlando. *Contratos.* 12ª ed. Rio de Janeiro: Forense, 1992.

GRAU, Eros Roberto. *Elementos de Direito Econômico.* São Paulo: Revista dos Tribunais, 1981.

KLANG, Marcio. *A Teoria da Imprevisão e a Revisão dos Contratos,* 2ª ed. São Paulo: Revista dos Tribunais, 1991.

MANCUSO, Rodolfo de Camargo. *Apontamentos sobre o contrato de leasing. Dissertação de Mestrado.* São Paulo: Revista dos Tribunais, 1978.

Leasing - Aspectos Controvertidos
do Arrendamento Mercantil

145

MARQUES, Cláudia Lima. *Contratos no Código de Defesa do consumidor. O novo regime das relações contratuais*, 2ª ed. Vol.1, São Paulo: Revista dos Tribunais, 1995.

MARTINS, Fran. *Contratos e Obrigações Comerciais*. 5ª ed. Rio de Janeiro: Forense, 1977.

NERY JÚNIOR, Nelson; GRINOVER, Ada Pellegrini *et alii*. *Código Brasileiro de Defesa do Consumidor: comentado pelos autores do anteprojeto*, 5ª ed. Rio de Janeiro: Forense Universitária, 1998.

OLIVEIRA, Anísio José de. *A Teoria da Imprevisão nos contratos*. 2ª ed. SãoPaulo: Livraria e Editora Universitária de Direito, 1991.

PAES, P. R. Tavares. *Leasing*. 2ª ed. São Paulo: Revista dos Tribunais, 1993.

QUEIROZ, José Wilson Nogueira de. *Arrendamento Mercantil*. 2ª ed. Rio de Janeiro. Forense, 1983.

RIZZARDO, Arnaldo. *Leasing. Arrendamento Mercantil no Direito Brasileiro*. 2ª ed. São Paulo: Revista dos Tribunais, 1996.

ROQUE, Sebastião José. *Direito Contratual Civil-Mercantil*. São Paulo: Ícone,1994.

SANTOS, Regina Beatriz Papa dos. *Cláusula "Rebus Sic Stantibus" ou Teoria da Imprevisão - Revisão Contratual*. Belém: CEJUP, 1989.

SILVA, José Afonso da. *Curso de Direito Constitucional Positivo*. 11ª ed. São Paulo: Malheiros, 1996.

TEODORO JUNIOR, Humberto . *Contratos-Jurisprudência*, vol. 3. Rio de Janeiro: Aidê, 1988.

ZAVALIA, Fernando J. López de. *Ley nº 24.441. Financiamento de La Vivienda y la Construcción*. Universidad Notarial Argentina: Alveroni Ediciones, 1993.

Artigos de revistas

AGUIAR JUNIOR, Ruy Rosado de. *Aspectos do código de defesa do consumidor*. Ajuris, Porto Alegre, n. 52, pp. 167-187, jul.1991.

AZEVEDO, Álvaro Villaça. *Teoria da Imprevisão e Revisão Judicial nos Contratos*. RT, São Paulo, nº 733, pp. 109-119, nov.1996.

BITTAR FILHO, Carlos Alberto. *Da cláusula rebus sic stantibus. Revista de Direito Civil*, São Paulo, nº 61, pp. 43-55, jul./set.1992.

———. *Teoria da Imprevisão: sentido atual*. RT, São Paulo, nº 679, pp. 18-29, maio1992.

COSTA, Judith H. Martins. *A Teoria da Imprevisão e a Incidência dos Planos Econômicos Governamentais na Relação Contratual*. RT, São Paulo, nº 670, pp. 41-47, ag. 1991.

DALL'AGNOL JUNIOR, Antonio Janyr. *Cláusulas Abusivas - a opção brasileira*. Ajuris, Porto Alegre, nº 60, pp. 129-142, março 1994.

EDLING, Axel. *Cláusulas Contratuais Abusivas. A solução sueca para um problema de consumo.* RT, São Paulo, nº 629, pp. 7-9, março 1988.

GOLDBERG, Daniel. *Teoria da Imprevisão, inflação e "fato do príncipe".* RT, São Paulo, nº 723, pp. 194-203, jan. 1996.

GOMES, Luiz Roldão de Freitas. *Juros Reais.* RT, São Paulo, nº 663, pp. 231- 237, maio/91.

LEÃO, Antonio Carlos Amaral. *A Teoria da imprevisibilidade e o Plano Brasil Novo, Cláusula "Rebus Sic Stantibus".* RT, São Paulo, nº 656, pp. 249-253, jun.1990.

LOMONACO, José Antonio. *A cláusula "rebus sic stantibus" no Direito Brasileiro. Algumas Considerações doutrinárias.* RT, São Paulo, nº 683, pp. 37-44, set.1992.

MANGE, Roger de Carvalho. *Arrendamento Mercantil.* RT, São Paulo, nº 627, pp. 52- 55, Jan.1988.

MARINONI, Luiz Guilherme. *Tutela cautelar, tutela antecipatória urgente e tutela antecipatória.* Ajuris, Porto Alegre, nº 61, pp. 63-74, jul./1994.

MARTINS, Montaury dos Santos. *Posse dos novos Juízes de Alçada.* Julgados, Porto Alegre, nº 96, pp. 421-423, dez. 1995.

NETO, Antonio José de Mattos. *A Cláusula "rebus sic stantibus" e a cláusula de escala móvel.* Revista de Direito Civil, São Paulo, nº 63, pp. 86-101, jan./março 1993.

NETTO, Mario Machado Vieira. *A Teoria da Imprevisão e a rescisão de promessas de compra e venda de imóveis. A nulidade da cláusula de perda das prestações pagas.* RT, São Paulo, nº 689, pp. 106-113, março 1993.

NICOLAU, Noemi Lidia. *El contrato de leasing en Argentina y su tipificación en la ley 24.441.*RT, São Paulo, nº 725, pp. 29-38, março 1996.

OLIVEIRA, Régis Fernandes de. *Taxa de juros.* RT, São Paulo, nº 666, pp. 233-235, ab.1991.

PENTEADO, Luciano de Camargo. *As cláusulas abusivas e o direito do consumidor.* RT, São Paulo, nº 725, pp. 91-99, março1996.

POZZA, Pedro Luiz. *A limitação das taxas de juros, a nível constitucional e legal, no crédito bancário.* Ajuris, Porto Alegre, nº 62, pp. 291-301, nov.1994.

RS. TA. *Conclusões da Reunião do Centro de Estudos do Tribunal de Alçada do Rio Grande do Sul.* Julgados, Porto Alegre, nº 99, pp. 401-404, set. 1996.

SANTOS, Francisco Cláudio de Almeida. *Leasing-questões controvertidas.* Ajuris, Porto Alegre, nº 66, pp. 19-38, março1996.

SILVA, Carlos Medeiros, TÁCITO, Caio. *Teoria da Imprevisão.* Revista de Direito Administrativo. Rio de Janeiro, Livraria e Editora Renovar, nº 201, pp. 35-44, jul./set.1995.

SILVA, Clóvis V. do Couto. *A Teoria da Base do Negócio Jurídico no Direito Brasileiro.* RT, São Paulo, nº 655, pp. 7-11, maio 1990.

WALD, Arnoldo. *O Princípio "Pacta Sunt Servanda", a Teoria da Imprevisão e a doutrina das dívidas de valor.* Ajuris, Porto Alegre, nº 64, pp. 386-394, jul.1995.

——. *Da Interpretação da Lei 7.492/86 e das suas eventuais conseqüências em relação as operações das empresas de arrendamento mercantil.* RT, nº 713, pp. 54-79, março1993.

——. *O Direito do consumidor e suas repercussões em relação às instituições financeiras.* RT, São Paulo, nº 666, pp. 7-17, ab.1991.

Decisões jurisprudenciais pesquisadas

BRASIL. STF. MI 362-0. T. Pleno. Relator: Min. Francisco Rezek. J. 01.08.96. Revista dos Tribunais [São Paulo], n. 732, pp. 139-144, out. 1996.

BRASIL. STF. RE 198.192.0. 1ª Turma. Relator: Min. Celso de Mello. J. 27.02.96. Revista dos Tribunais [São Paulo], n. 729, pp. 131-132, jul. 1996.

BRASIL. STF. Rex 140435-3. 1ª Turma. Relator: Min. Sydney Sanches. J. 15.08.95. Revista dos Tribunais [São Paulo], n. 726, pp. 140-144, ab. 1996.

BRASIL. STJ. Resp 16.115.1. 3ª Turma. Relator: Waldemar Zveiter. J. 29.05.98.

BRASIL. STJ. RE. 16.824-0 4ª T. Relator: Min. Athos Gusmão Carneiro. J. 23.03.93. Revista dos Tribunais [São Paulo], n. 700, pp. 203-208, fev. 1994.

BRASIL. STJ. RE. 47.508.2 - 4ª T. Relator: Min. Ruy Rosado de Aguiar. J. 14.11.94. Revista Julgados [Porto Alegre], n. 97, pp. 395-397, março 1996.

BRASIL. STJ. RE 57.974.0 - 4ª T. Relator: Min. Ruy Rosado de Aguiar. J. 25.04.95. Revista Julgados [Porto Alegre], n. 97, pp. 403-405, março 1996.

RS. TA. Agravo de Instrumento 196 195 770. 2ª Câmara Cível. Relator: Roberto Laux. J. 19.12.96.

RS. TA. Agravo de Instrumento 196 167 100. 2ª Câmara Cível. Relator: Roberto Laux. J. 17.10.96.

RS. TA. Agravo de Instrumento 193 098 563. 3ª Câmara Cível. Relator: Arnaldo Rizzardo. J. 18.08.93. Revista Julgados [Porto Alegre], n. 93, pp. 144-150, março 1995.

RS. TA. Agravo de Instrumento 196 268 627. 3ª Câmara Cível. Relator: Manoel Velocino Pereira Dutra. J. 26.03.97. Revista Julgados [Porto Alegre], n. 104, pp. 238-240, dez. 1997.

RS. TA. Agravo de Instrumento 196 044 358. 3ª Câmara Cível. Relator: Aldo Ayres Torres. J. 26.06.96.

RS. TA. Agravo de Instrumento 196 064 547. 3ª Câmara Cível. Relator: Aldo Ayres Torres. J. 26.06.96.

RS. TA. Agravo de Instrumento 196 048 987. 3ª Câmara Cível. Relator: Aldo Ayres Torres. J. 26.06.96.

RS. TA. Agravo de Instrumento 196 029 565. 3ª Câmara Cível. Relator Aldo Ayres Torres. J. 24.04.96.

RS. TA. Agravo de Instrumento 196 044 739. 3ª Câmara Cível. Relator: Aldo Ayres Torres. J. 19.06.96. Revista Julgados [Porto Alegre], n. 99, p. 232-234, set. 1996.

RS. TA. Agravo de Instrumento 196 044 390. 4ª Câmara Cível. Relator: Cesar Tasso Gomes. J. 08.08.96.

RS. TA. Agravo de Instrumento 196 075 287. 4ª Câmara Cível. Relator: Márcio Oliveira Puggina. J. 27.06.96.

RS. TA. Agravo de Instrumento 196 103 311. 4ª Câmara Cível. Relator: Moacir Leopoldo Haeser. J. 27.06.96.

RS. TA. Agravo de Instrumento 196 065 742. 5ª Câmara Cível. Relator: Regina Bollick. J. 20.06.96.

RS. TA. Agravo de Instrumento 196 038 152. 5ª Câmara Cível. Relatora: Regina Bollick. J. 13.06.96.

RS. TA. Agravo de Instrumento 196 029 136. 5ª Câmara Cível. Relatora: Regina Bollick. J. 20.06.96.

RS. TA. Agravo de Instrumento 196 052 831. 6ª Câmara Cível. Relator: Marcelo Bandeira Pereira. J. 09.05.96.

RS. TA. Agravo de Instrumento 196 147 490. 6ª Câmara Cível. Relator: Marcelo Bandeira Pereira.

RS. TA. Agravo de Instrumento 196 026 405. 6ª Câmara Cível. Relator: Marcelo Bandeira Pereira. J. 11.04.96.

RS. TA. Agravo de Instrumento 195 197 546. 6ª Câmara Cível. Relator: Marcelo Bandeira Pereira. J. 28.03.96.

RS. TA. Agravo de Instrumento 195 195 045. 6ª Câmara Cível. Relator: Marcelo Bandeira Pereira. J. 15.02.96.

RS. TA. Agravo de Instrumento 195 186 333. 6ª Câmara Cível. Relator: Marcelo Bandeira Pereira. J. 15.02.96. Revista Julgados [Porto Alegre], nº 98, pp. 326-329, jun.1996.

RS. TA. Agravo de Instrumento 196 048 383. 6ª Câmara Cível. Relator: Marcelo Bandeira Pereira. J. 23.05.96. Revista Julgados [Porto Alegre], nº 99, pp. 299-302,set. 1996.

RS. TA. Agravo de Instrumento 194 169 066. 7ª Câmara Cível. Relator: Vicente Barroco de Vasconcellos. J. 05.10.94.

RS. TA. Agravo de Instrumento 196 033 997. 7ª Câmara Cível. Relator: Perciano de Castilhos Bertolucci. J. 26.06.96.

RS. TA. Agravo de Instrumento 196 034 896. 8ª Câmara Cível. Relatora: Maria Berenice Dias. J. 23.04.96.

RS. TA. Agravo de Instrumento 196 044 341. 8ª Câmara Cível. Relator: Henrique Osvaldo Poeta Roenick. J. 14.05.96. Revista Julgados [Porto Alegre], nº 99, pp. 339-341, set. 1996.

RS. TA. Agravo de Instrumento 196 077 382. 9ª Câmara Cível. Relator: Wellington Pacheco Barros. J. 13.08.96.

RS. TA. Agravo de Instrumento 196 085 393. 9ª Câmara Cível. Relatora: Maria Isabel de Azevedo Souza. J. 25.06.96.

RS. TA. Agravo de Instrumento 196 061 311. 9ª Câmara Cível. Relator: Antonio Guilherme Tanger Jardim. J. 25.06.96.

RS. TA. Agravo de Instrumento 196 029 615. 9ª Câmara Cível. Relator: Wellington Pacheco Barros. J. 18.06.96.

RS. TA. Agravo de Instrumento 196 064 471. 9ª Câmara Cível. Relator: Wellington Pacheco Barros.

RS. TA. Agravo de Instrumento 196 124 366. 9ª Câmara Cível. Relator: Breno Moreira Mussi. J. 03.09.96.

SP. TA. Agravo de Instrumento 434.801-0. 3ª Câmara Cível. Relator: Ricardo Credie. J. 23.04.90. Revista dos Tribunais [São Paulo], nº 654, p.128, ab.1990.

MG. TA. Apelação Cível 47.605/2. 2ª Câmara Cível. Relator: José Brandão. J.04.10.89. Revista dos Tribunais [São Paulo], nº 664, pp. 143-144, jun.1991.

MG. TJ. Apelação Cível 25.768/3. 2ª Câmara Cível. Relator: Rubens Xavier Ferreira. J. 30.08.94. Revista dos Tribunais [São Paulo], nº 724, pp. 403-407,fev. 1996.

MS. TJ. Apelação Cível 1421/89. 2ª Câmara Cível. Relator: Nelson Mendes Fontoura. J. 01.11.89. Revista dos Tribunais [São Paulo], nº 656, pp. 162-165, jun. 1990.

PR. TA. Apelação Cível 45.711-0. 4ª Câmara Cível. Relator: Ulisses Lopes. J. 18.12.91. Revista dos Tribunais [São Paulo], nº 678, pp. 180-185, ab. 1992.

RN. TJ. Apelação Cível 8620. 1ª Câmara Cível. Relator: Manoel Araujo 02.10.95.Revista dos Tribunais [São Paulo], nº 728, pp. 346-348, jun. 1996.

RN. TJ. Apelação Cível 8804. 1ª Câmara Cível. Relator: Virgílio Macêdo. J. 14.10.96. Revista dos Tribunais [São Paulo], nº 736, pp. 352-354, fev. 1997.

RS. TA. Apelação Cível 193 035 052. 1ª Câmara Cível. Relator: Juracy Vilela de Sousa. J. 27.04.93.

RS. TA. Apelação Cível 192 184 877. 1ª Câmara Cível. Relator: Heitor Assis Remonti.J. 09.02.93.

RS. TA. Apelação Cível 194 072 633. 1ª Câmara Cível. Relator: Juracy Vilela de Souza. J. 23.08.94.

RS. TA. Apelação Cível 194 177 754. 1ª Câmara Cível. Relator: Juracy Vilela de Souza. J. 18.10.94.

RS. TA. Apelação Cível 195 106 448. 1ª Câmara Cível. Relator: Heitor Assis Remonti. J. 17.10.95.

RS. TA. Apelação Cível 192 206 639. 1ª Câmara Cível. Relator: Juracy Vilela de Souza. J. 22.12.92.

RS. TA. Apelação Cível 192 206 811. 1ª Câmara Cível. Relator: Juracy Vilela de Souza. J. 02.03.93.

RS. TA. Apelação Cível 194 249 405. 1ª Câmara Cível. Relator: Jorge Luis Dall'Agnol. J. 02.04.96.

RS. TA. Apelação Cível 194 114 500. 1ª Câmara Cível. Relator: Arno Werlang. J. 25.10.94.

RS. TA. Apelação Cível 194 100 384. 1ª Câmara Cível. Relator: Juracy Vilela de Sousa. J. 14.06.94. Revista Julgados [Porto Alegre], nº 94, pp. 179-183, jun. 1995.

RS. TA. Apelação Cível 195 077 649. 1ª Câmara Cível. Relator: Arno Werlang. J. 14.11.95. Revista Julgados [Porto Alegre], nº 97, pp. 202-205, março 1996.

RS. TA. Apelação Cível 190 033 316. 2ª Câmara Cível. J. 28.06.90. Revista Julgados [Porto Alegre], nº 77, p. 190.

RS. TA. Apelação Cível 195 039 268. 2ª Câmara Cível. Relator: Geraldo Cesar Fregapani. J. 20.04.95.

RS. TA. Apelação Cível 195 134 432. 2ª Câmara Cível. Relator: Carlos Alberto Bencke. J. 26.10.95.

RS. TA. Apelação Cível 196 090 674. 2ª Câmara Cível. Relator: Roberto Laux. J. 27.06.96.

RS. TA. Apelação Cível 196 136 337. 2ª Câmara Cível. Relator: Marco Aurélio dos Santos Caminha. J. 17.10.96. Revista Julgados [Porto Alegre], nº 100, pp. 267-269, dez. 1996.

RS. TA. Apelação Cível 195 110 382. 3ª Câmara Cível. Relator: Gaspar Marques Batista. J. 27.09.95.

RS. TA. Apelação Cível 196 033 674. 3ª Câmara Cível. Relator: Leo Lima. J. 26.06.96.

RS. TA. Apelação Cível 196 269 856. 3ª Câmara Cível. Relator: Leo Lima. J. 25.06.97. Revista Julgados [Porto Alegre], n. 103, pp. 235-243, set. 1997.

RS. TA. Apelação Cível 197 023 328. 3ª Câmara Cível. Relator: Aldo Ayres Torres. J. 06.08.97.

RS. TA. Apelação Cível 196 204 945. 4ª Câmara Cível. Relator: Moacir Leopoldo Haeser. J. 19.06.97.

Leasing - Aspectos Controvertidos
do Arrendamento Mercantil

RS. TA. Apelação Cível 196 152 029. 3ª Câmara Cível. Relator: Gaspar Marques Batista. J. 19.02.97.

RS. TA. Apelação Cível 194 042 057. 4ª Câmara Cível. Relator: Márcio Oliveira Puggina. J. 14.04.94.

RS. TA. Apelação Cível 193 066 842. 4ª Câmara Cível. Relator: Ari Darci Wachholz. J.10.02.94.

RS. TA. Apelação Cível 195 084 876. 4ª Câmara Cível. Relator: Moacir Leopoldo Haeser. J. 21.09.95.

RS. TA. Apelação Cível 195 141 841. 4ª Câmara Cível. Relator: Cezar Tasso Gomes. J. 14.03.96.

RS. TA. Apelação Cível 194 197 703. 4ª Câmara Cível. Relator: Moacir Leopoldo Haeser. J. 17.11.94. Revista Julgados [Porto Alegre], nº 94, pp. 212-216, jun. 1995.

RS. TA. Apelação Cível 193 051 083. 4ª Câmara Cível. Relator: Márcio Oliveira Puggina. J. 24.06.93. Revista Julgados [Porto Alegre], nº 96, pp. 206- 227, dez.1995.

RS. TA. Apelação Cível 195 120 217. 4ª Câmara Cível. Relator: Márcio Oliveira Puggina. J. 26.10.95. Revista Julgados [Porto Alegre], nº 97, pp. 272-276, março 1996.

RS. TA. Apelação Cível 196 099 337. 4ª Câmara Cível. Relator: Henrique Osvaldo Poeta Roenick. J. 22.08.96. Revista dos Tribunais [São Paulo], nº 734, pp. 448-491, dez. 1996.

RS. TA. Apelação Cível 195 191 077. 5ª Câmara Cível. Relator: Rui Portanova. J. 16.04.96. Revista Julgados [Porto Alegre], nº 98, pp. 319-320, jun. 1996.

RS. TA. Apelação Cível 195 144 589. 5ª Câmara Cível. Relator: Marcio Borges Fortes. J. 28.03.96. Revista Julgados [Porto Alegre], nº 99, pp. 275-279, set. 1996.

RS. TA. Apelação Cível 196 198 170. 5ª Câmara Cível. Relator: Silvestre Jasson Ayres Torres. J. 15.05.97. Revista Julgados [Porto Alegre], n. 103, pp. 256-270, set. 1997.

RS. TA. Apelação Cível 194 007 704. 6ª Câmara Cível. Relator: Heitor Assis Remonti.

RS. TA. Apelação Cível 196 025 035. 6ª Câmara Cível. Relator: José Carlos Teixeira Giorgis. J. 18.04.96. Revista Julgados [Porto Alegre], nº 98, pp. 342-344, jun. 1996.

RS. TA. Apelação Cível 194 078 226. 6ª Câmara Cível. Relator: Moacir Adiers. J. 25.05.95.

RS. TA. Apelação Cível 195 017 561. 6ª Câmara Cível. Relator: Marcelo Bandeira Pereira. J. 06.04.95.

RS. TA. Apelação Cível 196 025 035. 6ª Câmara Cível. Relator: José Carlos Teixeira Giorgis. J. 18.04.96.

RS. TA. Apelação Cível 196 196 729. 6ª Câmara Cível. Relator: José Carlos Teixeira Giorgis. J. 05.12.96.

RS. TA. Apelação Cível 195 096 680. 6ª Câmara Cível. Relator: Armínio José Abreu Lima da Rosa. J. 24.08.95.

RS. TA. Apelação Cível 196 110 076. 6ª Câmara Cível. Relator: Marcelo Bandeira Pereira. J. 05.12.96.

RS. TA. Apelação Cível 195 149 083. 6ª Câmara Cível. Relator: Marcelo Bandeira Pereira. J. 09.11.95. Revista Julgados [Porto Alegre], nº 97, pp. 335-338, março 1996.

RS. TA. Apelação Cível 195 155 817. 6ª Câmara Cível. Relator: Marcelo Bandeira Pereira. J. 09.11.95. Revista Julgados [Porto Alegre], nº 97, pp. 340-344, março 1996.

RS. TA. Apelação Cível 192 008 027. 7ª Câmara Cível. Relator: Antonio Janyr Dall'Agnol Junior. Revista dos Tribunais [São Paulo], nº 678, pp. 180-185, ab. 1992.

RS. TA. Apelação Cível 193 051 216 - 7ª Câmara Cível. Relator: Antonio Janyr Dall'Agnol Junior. J. 19.05.93. Revista Julgados [Porto Alegre], nº 93, pp. 197-206, março 1995.

RS. TA. Apelação Cível 195 175 963 - 7ª Câmara Cível. Relator: Antonio Janyr Dall'Agnol Junior. J. 13.12.95. Revista Julgados [Porto Alegre], nº 97, p. 386, março 1996.

RS. TA. Apelação Cível 194 251 674 - 7ª Câmara Cível. Relator: Leonello Pedro Paludo. J. 22.02.95. Revista Julgados [Porto Alegre], nº 94, pp. 356-358., jun. 1995.

RS. TA. Apelação Cível 195 182 472. 7ª Câmara Cível. Relator: Antonio Janyr Dall' Agnol Junior. J. 14.02.96.

RS. TA. Apelação Cível 195 190 053. 7ª Câmara Cível. Relator: Vicente Barroco de Vasconcellos. J. 28.02.96. Revista dos Tribunais [São Paulo], nº 728, pp. 371-375, jun. 1996.

RS. TA. Apelação Cível 194 086 823. 7ª Câmara Cível. Relator: Antonio Janyr Dall'Agnol Junior. J. 25.05.94.

RS. TA. Apelação Cível 197 025 356. 7ª Câmara Cível. Relator: Roberto Expedito da Cunha Madrid. J. 06.08.97.

RS. TA. Apelação Cível 196 151 005. 8ª Câmara Cível. Relator: Luiz A.A. Ramos. J. 08.10.96.

RS. TA. Apelação Cível 195 064 662. 8ª Câmara Cível. Relator: Alcindo Gomes Bittencourt. J. 22.08.95.

RS. TA. Apelação Cível 196 019 525. 8ª Câmara Cível. Relator: Luiz Ari Azambuja Ramos. J. 16.04.96. Revista Julgados [Porto Alegre], nº 98, pp. 379-380, jun. 1996.

RS. TA. Apelação Cível 195 141 403. 8ª Câmara Cível. Relator: Luiz Ari Azambuja Ramos. J. 24.10.95.

Leasing - Aspectos Controvertidos do Arrendamento Mercantil

RS. TA. Apelação Cível 196 123 566. 8ª Câmara Cível. Relator: Geraldo Cesar Fregapani. J. 17.12.96.

RS. TA. Apelação Cível 196 219 851. 8ª Câmara Cível. Relator: José Francisco Pellegrini. J. 03.06.96. Revista Julgados [Porto Alegre], n. 101, pp. 346-347, março, 1997.

RS. TA. Apelação Cível 196 262 570. 8ª Câmara Cível. Relator: Jorge Luís Dall'Agnol. J. 25.02.97. Revista Julgados [Porto Alegre], n. 102, pp. 340-344, jun. 1997.

RS. TA. Apelação Cível 197 133 127. 8ª Câmara Cível. Relator: Jorge Luís Dall'Agnol. J. 03.09.97.

RS. TA. Apelação Cível 195 061 387. 9ª Câmara Cível. Relator Antonio Guilherme Tanger Jardim. J. 22.08.95.

RS. TA. Apelação Cível 196 168 306. 9ª Câmara Cível. Relatora: Maria Isabel de Azevedo de Souza. J. 17.12.96.

RS. TA. Apelação Cível 194 182 242. 9ª Câmara Cível. Relator: João Adalberto Medeiros Fernandes. J. 25.10.94. Revista Julgados [Porto Alegre], nº 92, pp. 273-275, dez.1994.

RS. TA. Apelação Cível. 195 004 635 - 9ª Câmara Cível. Relator: João Adalberto Medeiros Fernandes. J. 21.03.95. Revista Julgados [Porto Alegre], nº 94, pp. 316-318, jun.1995.

RS. TA. Apelação Cível 196 102 719. 9ª Câmara Cível. Relator: Breno Mussi. J. 13.08.96. Revista Julgados [Porto Alegre], nº 100, pp. 396-399, dez. 1996.

RS. TA. Apelação Cível 196 156 822. 9ª Câmara Cível. Relator: Antonio Guilherme Tanger Jardim. J. 03.12.96. Revista Julgados [Porto Alegre], nº 100, pp. 401-404, dez. 1996.

RS. TA. Apelação Cível 197 002 769. 9ª Câmara Cível. Relatora: Maria Isabel de Azevedo Souza. J. 01.04.97. Revista Julgados [Porto Alegre], n. 104, pp. 351-355, dez. 1997.

SC. TJ. Apelação Cível 32.787. 3ª Câmara Cível. Relator: Éder Graf. J. 10.04.90. Revista dos Tribunais [São Paulo], nº 654, pp. 163-165, ab. 1990.

SP. TJ. Apelação Cível 121459-1. 1ª Câmara Cível. Relator: Roque Komatsu. J. 06.12.90. Revista dos Tribunais [São Paulo], nº 672, pp. 98-99, out. 1991.

SP. TA. Apelação Cível 393.647-8. 2ª Câmara Cível. Relator: Rodrigues de Carvalho. J. 07.02.90. Revista dos Tribunais [São Paulo], nº 653, pp. 116-118, março 1990.

SP. TA. Apelação Cível 442. 799-0. 6ª Câmara Cível. Relator: Mendonça de Barros. Revista dos Tribunais [São Paulo], nº 655, pp. 118-119, maio 1990.

SP. TA. Apelação Cível 580.900-9. 11ª Câmara Cível. Relator: Diogo de Salles. Revista dos Tribunais [São Paulo], nº 732, pp. 260-262, out. 1996.

RS. TA. EI 194 066 106. 1ª Câmara Cível. Relator: Heitor Assis Remonti. J. 08.03.96. Revista Julgados [Porto Alegre], nº 98, pp. 171-178, jun.1996.

RS. TA. EI 194 115 564. 2ª Câmara Cível. Relator. Leo Lima. J. 17.03.95. Revista Julgados [Porto Alegre], nº 94, pp. 127-131, jun.1995.

RS. TA. EI 194 115 275. 2ª Câmara Cível. Relator. Moacir Leopoldo Haeser. J. 17.03.95. Revista Julgados [Porto Alegre], nº 95, p. 388, set. 1995.

RS. TA. EI 194 223 749. 3ª Câmara Cível. Relator: Armínio José Abreu Lima da Rosa. J. 22.12.95. Revista Julgados [Porto Alegre], nº 97, pp. 165-170, março 1996.

RS. TA. EI 195 038 179. 3ª Câmara Cível. Relator: Silvestre Jasson Ayres Torres. J. 24.04.96. Revista Julgados [Porto Alegre], nº 99, pp. 162-174, set.1996.

RS. TA. EI 194 229 555. 3ª Câmara Cível. Relator: Jasson Ayres Torres. J. 26.05.95. Revista Julgados [Porto Alegre], nº 96, pp. 142-148, dez. 1995.

RS. TA. EI 196 102 743. Segundo Grupo Cível. Relator: Leo Lima. J. 20.06.97. Revista Julgados [Porto Alegre], n. 103, pp. 149-157, set. 1997.

RS. TA. Mandado de Segurança 196 001 572. 6ª Câmara Cível. Relator: Marcelo Bandeira Pereira. J. 25.04.96.

RS. TA. Outros Feitos 195 137 849. 1ª Câmara Cível. Relator: Arno Werlang. J. 16.04.96. Revista Julgados [Porto Alegre], nº 98, pp. 225-228, jun. 1996.

Impresso com filme fornecido pelo cliente por:

FONE: (051) 472-5899
CANOAS - RS
1998